2020年国家统一法律职业资格考试

专题讲座
民事诉讼法

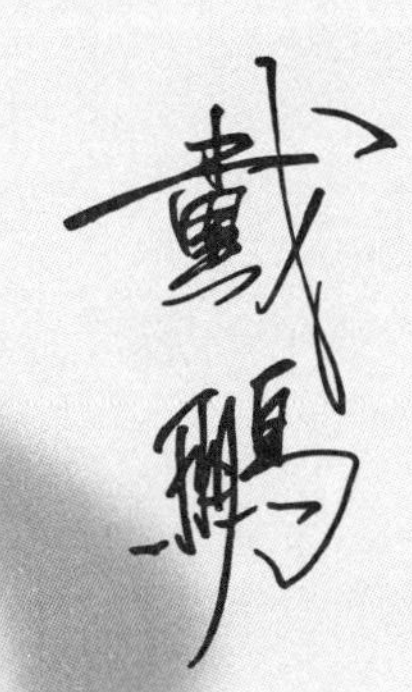

背诵卷 4

戴鹏◎编著

图书在版编目(CIP)数据

民事诉讼法专题讲座背诵卷／戴鹏编著．—北京：中国石化出版社，2020.5

ISBN 978-7-5114-5826-1

Ⅰ.①民… Ⅱ.①戴… Ⅲ.①民事诉讼法-中国-资格考试-自学参考资料 Ⅳ.①D925.1

中国版本图书馆 CIP 数据核字(2020)第 077153 号

中国石化出版社出版发行

地址：北京市东城区安定门外大街 58 号

邮编：100011　电话：(010)57512500

发行部电话：(010)57512575

http://www.sinopec-press.com

E-mail:press@sinopec.com

鸿博睿特(天津)印刷科技有限公司印刷

全国各地新华书店经销

*

787×1092 毫米　16 开本　13.25 印张　240 千字

2020 年 7 月第 1 版　2020 年 7 月第 1 次印刷

定价：30.00 元

序　言

PREFACE

这本《专题讲座·背诵版》，与前期的《精讲卷》、《真金题卷》构成一个完整体系。《精讲卷》主要对重要考点进行逐一讲解，帮助大家掌握每一个具体的知识点，《真金题卷》是通过对历年真题的训练，帮助大家将掌握的知识转化为解题的能力，同时，再次强化、重复每一个考点，让考生通过做题的方式吸收、掌握知识点。

到了复习后期，考生需要通过一份极为精简的资料将前期已经掌握的知识点予以强化巩固、总结提高。此时，一份完整但又相对简略的笔记显得尤为重要，笔者在前些年教学过程中整理的《民诉表格大串讲》，通过表格形式将民诉学科的考点予以整理、归纳，广受考生青睐，不少考生在考前通过记忆、背诵该表格取得了不错的效果。以之为基础，笔者对其内容予以优化，出版了这本《专题讲座·背诵版》。本书有如下特色：

一、通过表格形式对学科重要知识点予以整理、归纳。一来以直观、明了的方式为最后的冲刺提供记忆、背诵的材料，二来可以帮助考生体系性地掌握学科内容，从而使整个学科的考点清晰、完整地展现在考生面前。

二、通过“背诵要点”提示命题方向。不少考生记忆知识点的时候，不知道哪些是关键词，不知道该记什么、背什么；而“背诵要点”则是提示考生相关考点中的关键信息和命题角度，即告诉考生背什么，从什么角度记忆、掌握，从而使考生的复习更有针对性。

三、通过判断题的方式提示命题角度以及陷阱。这是本书的点睛之处。知识点记忆了，但是否真正掌握，能否有效应对考试命题也是一大问题。考生可以通过本部分的练习，迅速检验自己对该知识点的掌握程度以及应对能力。当然本部分最重要的意义在于通过这些题目展示法考的命题规律，提示考生对本部分可能出现的干扰选项保持高度的敏感，以防在考场上不经意间落入命题老师精心设置的陷阱。

四、通过“总结与归纳”、“考点延伸”等方式，对一些常考的关联知识点，以类比或者对比的形式加以横向、纵向的延伸和扩展，帮助考生加深记忆的同时巩固前期所学内容。

总之，本书是希望在已经完成知识点的掌握、真题的练习之后，快速巩固考点或者查漏补缺，做到真正将书越读越薄。

健康的体魄需要日积月累，薄薄的一本《背诵版》，如同多种维生素片，每日一粒，虽不能取代一日三餐，但对健康亦有助益。愿本书能够如虎添翼，为考生“临门一脚”锦上添花。

七月流火，八月未央。金秋时节，是收获的季节，面对即将到来的考试，我们有些期待，也有些不安。一路走来，我们和书桌、台灯为伴，一路的风雨，一路的艰辛，让我们满怀信心。天道酬勤，我愿静候诸位佳音！

戴鹏

（新浪微博@法律人戴鹏）

2020 年 7 月于广州

CONTENTS 目 录

民事诉讼与民事诉讼法 PROJECT ONE 专题一

考点一　多元纠纷解决机制

私力救济	和解	当事人自行达成和解协议，解决纠纷。
社会救济	调解	经人民调解委员会等社会组织调解达成协议，解决纠纷。
	仲裁	通过仲裁委员会仲裁解决纠纷。
公力救济	诉讼	通过法院行使审判权解决纠纷。

考点二　民事诉讼的概念

民事诉讼本质是由人民法院运用国家审判权解决平等主体之间的人身、财产权利义务纠纷。

民事审判程序分为诉讼程序和非讼程序。

诉讼程序是解决民事权利义务纠纷的程序，包括一审（包括简易程序、小额诉讼程序、第三人撤销之诉、执行异议之诉等）、二审程序和再审程序等。

非讼程序是指民事程序中不解决民事权利义务纠纷的程序，包括特别程序（但选民资格案件除外）、督促程序和公示催告程序。

注意：特别程序中的选民资格案件解决政治权利问题，并非民事审判程序，故既不是诉讼程序，也不是非讼程序。

总结与归纳：与诉讼程序和非讼程序有关的考点

1. 辩论原则的适用范围：诉讼程序适用辩论原则，其他程序不适用辩论原则。
2. 人民陪审员参加的合议庭：适用一审程序审理的诉讼程序。
3. 调解的适用范围：诉讼程序可以调解，其他程序不适用调解。

设题陷阱

1. 适用特别程序审理的案件都是非讼案件？
2. 确认调解协议效力案件和实现担保物权案件可以适用调解制度？
3. 公示催告程序中利害关系人申报权利的，法院可以组织申请人和申报人就票据权利义务进行调解？

4. 人民陪审员一般不参加特别程序的合议庭？

5. 中级法院审理案件不能有人民陪审员参加？

6. 再审案件应当由审判员组成合议庭审理？

分析：

1. 错误。适用特别程序审理的案件包括选民资格案件、宣告失踪、宣告死亡、认定公民无或者限制民事行为能力、认定财产无主、实现担保物权、确认调解协议效力案件。而选民资格案件既不是诉讼程序，也不是非讼程序，正确表述为“特别程序中除选民资格案件外，都属于非讼案件”。

2. 错误。确认调解协议效力和实现担保物权是适用特别程序审理的案件，不能适用调解制度，不能适用辩论原则，不能有人民陪审员参加合议庭。

3. 错误。公示催告程序是非讼程序，不适用调解制度，不适用辩论原则，不能有人民陪审员参加合议庭。

4. 错误。人民陪审员只能参加适用一审程序审理的诉讼程序，而特别程序并非诉讼程序，人民陪审员不能参加其合议庭，错在“一般”二字。

5. 错误。中级法院可能作为一审法院，也可能作为二审法院。人民陪审员参加适用一审程序审理的诉讼案件，故如果中级法院作为一审法院，可能有人民陪审员参加。

6. 错误。再审可能是适用一审程序的再审，也可能是适用二审程序的再审。人民陪审员参加适用一审程序审理的诉讼程序，故在适用一审程序的再审中可能有人民陪审员参加。

一招制敌

以偏概全

在考试中，有些概念包含几种情形，命题人经常将其默认为其中一种情形，忽略另外一种情形，进而给出以偏概全的选项，如判断以下表述：

1. 中级法院所作判决为生效判决；

2. 中级法院审理案件不能有人民陪审员参加；

3. 再审应当由审判员组成合议庭；

4. 法院调查收集的证据不需要质证，应当在庭审时出示，听取当事人意见，就调查收集情况作出说明；

5. 共同诉讼人中一人行为经其他共同诉讼人承认后对其他共同诉讼人发生法律效力；

6. 人数确定的代表人诉讼中，选不出代表人的当事人应当亲自参加诉讼；

7. 第三人不能放弃、变更诉讼请求或者撤诉；

8. 无独立请求权第三人无权上诉；

9. 调解书不需要经过无独三签收即可生效；

10. 委托代理人不得代为提起上诉；

答案：以上表述均为错误表述，以偏概全。

要想应对此种选项，考生应当对一些重要的名词保持高度敏感：

看见“中级法院”应当马上反应出中级法院可能是一审法院，也可能是二审法院；

看见“再审”应当马上反应出可能是适用一审程序的再审，也可能是适用二审程序的再审；

看见“法院调查收集的证据”应当马上反应出可能是依申请，也可能是依职权调查收集的证据；

看见“共同诉讼”应当马上反应出可能是普通共同诉讼，也可能是必要共同诉讼；

看见“代表人诉讼”应当马上反应出可能是人数确定的代表人诉讼，也可能是人数不确定的代表人诉讼；

看见“人数确定的代表人诉讼”应当马上反应出可能是普通共同诉讼，也可能是必要共同诉讼；

看见“第三人”应当马上反应出可能是有独三，也可能是无独三；

看见“无独三”应当马上反应出可能是承担义务的无独三，也可能是不承担义务的无独三；

看见“委托代理人”应当马上反应出可能是一般授权，也可能是特别授权等。

有了这种第一反应，这样的陷阱就会迎刃而解，否则很容易忽略另外一种情形导致误选。

考点三　民事诉讼法的属性和效力

1. 民事诉讼法的属性

（1）根据民事诉讼法在法律体系中的地位来看，民事诉讼法属于基本法；

（2）根据民事诉讼调整的社会关系来看，民事诉讼法属于部门法；

（3）根据民事诉讼法的内容来看，民事诉讼法属于程序法；

（4）从公法与私法的划分来看，民事诉讼法属于公法。

2. 民事诉讼法的效力

凡是在中国参加民事诉讼，必须遵守中国民事诉讼法。即在中国进行民事诉讼，不存在适用外国民事诉讼法的问题。

专题二 PROJECT TWO 诉的基本理论

考点一 诉的要素

<table>
<tr><td rowspan="3">诉的要素</td><td>诉的主体</td><td colspan="2">当事人</td></tr>
<tr><td>诉的客体</td><td colspan="2">诉讼标的
注意区分以下概念：<table><tr><td>诉讼标的</td><td>当事人发生争议并请求法院作出裁判的民事实体法律关系。</td></tr><tr><td>诉讼请求</td><td>原告基于该实体法律关系向被告提出的具体的请求。</td></tr></table></td></tr>
<tr><td>诉的理由</td><td colspan="2">当事人所依据的事实和理由。</td></tr>
</table>

背诵要点

1. 诉讼标的是一种实体法律关系。诉讼请求是原告基于这种法律关系向被告提出的具体的请求。

2. 基于同一诉讼标的（实体法律关系），当事人可以提出若干不同的诉讼请求。

设题陷阱

1. 张三习惯把垃圾堆放在自家门口，严重影响李四家的通行，李四起诉张三请求判令张三不得将垃圾堆放在门口以保障自家通行便利以及环境卫生，本案的诉讼标的是什么？

2. 张三起诉李四要求支付房屋租金5000元，诉讼中，张三表示放弃租金的请求，但是要求法院判决解除租赁合同。本案中诉讼请求是否发生变化？诉讼是否发生变化？

分析：

1. 本案的诉讼标的是张三和李四之间的相邻权法律关系。

2. 本案中要求支付租金5000元是原告的诉讼请求，要求解除合同也是原告的诉讼请求，诉讼请求发生了变化；要求支付租金5000诉讼标的为租赁合同关系，要求解除合同诉讼标的也是租赁合同关系，诉讼标的并未发生变化。

考点二　诉的分类

<table>
<tr><td rowspan="2">确认之诉</td><td rowspan="2">请求确认与被告间是否存在某种民事法律关系</td><td>积极确认之诉</td><td>请求确认法律关系存在或有效。</td></tr>
<tr><td>消极确认之诉</td><td>请求确认法律关系不存在或无效。</td></tr>
<tr><td rowspan="3">给付之诉</td><td rowspan="3">请求判令被告履行一定的义务</td><td colspan="2">财物的给付</td></tr>
<tr><td rowspan="2">行为的给付</td><td>积极的作为</td></tr>
<tr><td>消极的不作为</td></tr>
<tr><td>变更之诉</td><td colspan="3">请求法院改变或者消灭既存的民事法律关系，也称形成之诉。</td></tr>
</table>

背诵要点

1. 诉的分类是对“诉”进行分类，特别程序、非讼程序不存在“诉”的分类问题。

2. 诉的分类的唯一依据是原告的诉讼请求，不要看被告的答辩意见，被告的答辩意见是干扰信息。

3. 给付之诉、形成之诉中可能包含确认的内容，但只要出现了给付或者变更的请求，就一定是给付或者变更之诉，不可能再是确认之诉，因为确认之诉中只能有确认的请求，不可能出现给付或者变更的请求。

4. 给付之诉中给付的内容包括财物和行为，行为包括积极的作为和消极的不作为。

5. （消极的）确认之诉和形成之诉的区别在于确认之诉中待确认的法律关系是否存在是正在争议的问题，而形成之诉中待变更、消灭的法律关系一定是既存而有效的。

如张三起诉请求确认与李四之间婚姻关系无效是确认之诉——婚姻有效、无效是正在争议的问题；而张三起诉要求与李四离婚是形成之诉——要求解除婚姻关系前提是婚姻关系既存而有效。

6. 一个法律关系包括主体、客体、内容三个方面，原告请求对其中之一进行变更即是请求对该法律关系的变更，为变更之诉。

设题陷阱

1. 张三请求确认妻子李四为无民事行为能力人为确认之诉？

2. 张三请求法院确认某财产无主是确认之诉？

3. 张三、李四申请法院确认调解协议效力为确认之诉？

4. 张三申请法院实现担保物权是确认之诉？

5. 张三起诉李四要求判令其归还借款，李四主张借款关系不存在是确认之诉？

6. 李四侵犯张三名誉权，张三起诉李四要求赔礼道歉、停止侵权、赔偿精神抚慰金是给付之诉？

7. 股东起诉要求解散公司是变更之诉？

8. 第三人撤销之诉是变更之诉？

9. 张三和李四签订买卖合同后，张三起诉李四请求确认合同无效，这是消极的确认之诉；

10. 张三和李四签订买卖合同后，张三起诉李四请求解除合同，这是形成之诉；

11. 张三起诉妻子李四要求解除婚姻关系是变更之诉？

12. 张三起诉前妻李四要求将婚生子张小三判归自己抚养是给付之诉？

13. 张三代儿子张小三起诉前妻李四要求将张小三的抚养费从每月 1000 元增加到每月 2000 元是给付之诉？

分析：

1、2、3、4 四个表述均为错误。诉的分类是对“诉”进行分类，确认公民为无、限制民事行为能力人、确认财产无主、确认调解协议效力、实现担保物权等适用的是特别程序，不是诉讼程序，不存在“诉”的分类问题。

5. 错误。诉的分类依据是原告的诉讼请求，原告要求归还借款是给付之诉。

6. 正确。本案为给付之诉，给付之诉的内容包括财物和行为，其中行为包括积极的作为、消极的不作为。

7. 正确。股东的诉讼请求是消灭自己与被告（公司）之间的权利义务关系，为变更之诉。

8. 正确。第三人（第三人撤销之诉的原告）的诉讼请求是撤销、改变原生效判决，即消灭或者变更原生效法律文书确定的权利义务关系，为变更之诉。

9. 正确。合同是否有效，双方当事人正在争议，为确认之诉；

10. 正确。合同既存而有效，张三请求解除合同，即将既存而有效的合同关系予以消灭，为形成之诉（变更之诉）；

11. 正确。原告的诉讼请求是将既存的婚姻关系予以消灭，为形成之诉（变更之诉）。

12. 错误。本来在前妻李四和张小三之间存在一个抚养权利义务关系，原告张三的诉讼请求是要求将这个抚养权利义务关系变为自己与儿子之间存在，是对既存抚养权法律关系的主体进行变更，为变更之诉。

13. 错误。本来前妻李四与儿子张小三之间存在一个既存的抚养权利义务关系，根据这个权利义务关系，前妻的义务是每个月给 1000 元，现在原告要求将 1000 元变为 2000 元，即请求将既存抚养权法律关系的内容（数额）进行变更，为变更之诉。

总结：从 11、12、13 可以看出，一个法律关系包括主体、客体、内容三个方面，只要原告的诉讼请求是将其中之一进行变更，均为请求变更既存的法律关系，为变更之诉。

总结与归纳：诉讼标的、诉讼请求、诉的分类

诉讼标的是一个抽象的法律关系，基于一个抽象的法律关系，原告可以

提出若干具体的诉讼请求；而诉的分类则以原告的诉讼请求为依据，故诉讼请求的不同可能导致诉的分类不同。

如同样基于一个合同关系，原告可以选择请求确认合同无效，为确认之诉；原告可以选择请求履行合同，为给付之诉；原告可以选择请求解除合同，为形成之诉。

考点三　反　诉

一、反诉的构成要件

概念	在诉讼程序进行中，本诉被告针对本诉原告向法院提出的独立的诉。	
要件	主体	本诉的被告向原告提出。（即本、反诉主体具有同一性）
	时间	一审法庭辩论终结前。
		背诵要点：在二审中提出反诉的——调解，调解不成，告知另行起诉；但当事人同意由二审法院一并审理的除外。
	牵连	本、反诉之间应当具有牵连关系（牵连关系并不要求基于同一法律关系）。
	管辖	向受理本诉的法院提出，且受诉法院当然享有对反诉案件的管辖权（牵连管辖），但反诉专属于其他法院管辖的除外。
	程序	与本诉适用同一程序。

背诵要点

1. 本反诉主体具有同一性，但诉讼地位并不相同——诉讼地位正好相反；

2. 本反诉之间有牵连，但并不要求基于相同法律关系——本、反诉的诉讼请求可能基于相同法律关系，可能基于相同事实，也可能是具有因果关系。

3. 反诉要求在一审法庭辩论终结前提出，二审中提出反诉的，法院组织调解，调解不成告知当事人另行起诉，但当事人同意二审法院一并审理并作出判决的除外。

设题陷阱

1. 反诉的原告只能是本诉的被告？

2. 本诉与反诉的当事人具有同一性，因此，当事人在本诉与反诉中诉讼地位相同？

3. 反诉必须在举证期限届满前提出？

4. 在二审中提出反诉的，二审法院可以调解，调解不成，告知当事人另行起诉，但当事人同意由二审法院一并审理的除外？

5. 反诉与本诉之间须存在牵连关系，因此必须源于同一法律关系？

分析：

1. 正确。本、反诉的主体应当具有同一性。

2. 错误。本、反诉的当事人具有同一性，但其在诉讼中的地位并不相同。

3. 错误。反诉应当在一审法庭辩论终结前提出。

4. 正确。

5. 错误。牵连并不一定基于相同的法律关系，相同的法律关系可能产生牵连，不同法律关系也可能产生牵连。

二、反诉的判断——反诉 VS. 反驳

技术流：反诉与反驳的区分

例 1：张三起诉李四要求履行合同，李四主张合同无效，要求张三承担缔约过失责任，李四的主张构成反诉？

例 2：张三起诉李四要求归还借款，李四主张前段时间给过张三一块玉石，说好以玉石抵债，要求用玉石货款折抵借款，李四的主张构成反驳？

例 3：张三起诉李四要求归还借款，李四主张该笔借款已过诉讼时效，李四的主张构成反诉？

一招制敌

反诉是一个独立的诉，反驳不是。

首先找到被告的主张，然后去掉原告的起诉，即假设没有原告起诉，判断被告能否就自己的主张单独向法院起诉：如果能，则为独立的诉，为反诉；如果不能则为反驳。

据此分析上述题目：

例 1：正确。去掉张三要求李四履行合同的主张，李四可以直接向法院起诉张三，要求确认合同无效，并判令张三承担缔约过失责任，可见李四的主张为独立的诉，为反诉。

例 2：错误。注意，反诉与反驳的区分千万不能看法律效果（即抵销、折抵等），此时，李四的主张是基于玉石买卖合同要求张三支付玉石货款（因为李四应该归还张三借款，张三应当支付玉石货款，自然产生折抵效果），故假设没有张三起诉李四要求归还借款，李四也可以起诉张三要求支付玉石货款，为一个独立的诉，是反诉，而不是反驳。

例 3：错误。去掉张三要求李四归还借款的主张，李四不可能直接向法院起诉张三，主张其借款已过诉讼时效，故不是独立的诉，不是反诉，而是反驳。

三、反诉的独立性

背诵要点

反诉独立于本诉而存在，不会因为本诉的撤销而撤销。

设题陷阱

1. 反诉中的诉讼请求是独立的，它不会因为本诉的撤销而撤销？

2. 原告起诉被告后，被告提出反诉，经传票传唤原告没有正当理由拒不

到庭，本诉应当按撤诉处理，反诉应当缺席判决？

3. 反诉如果成立，将产生本诉的诉讼请求被依法驳回的法律后果？

4. 原告起诉被告后，被告提出反诉，诉讼中原告申请撤诉，法院准许原告撤诉后裁定驳回了被告的反诉，被告不服，提起上诉，二审法院应当如何处理？

分析：

1. 正确。反诉独立于本诉存在，不会因为本诉的撤销而撤销。

2. 正确。原告具有双重身份，在本诉中是原告，不到庭本诉按撤诉处理，在反诉中是被告，不到庭应当缺席判决。

3. 错误。如张三羞辱李四，李四殴打张三。张三起诉李四要求赔偿医疗费，李四反诉张三要求赔礼道歉，如果反诉诉讼请求成立，法院将会判决张三向李四赔礼道歉，并不会导致本诉的诉讼请求被驳回。

4. 本诉撤诉后，反诉继续进行。故一审法院驳回反诉的裁定错误，二审法院应当撤销原裁定，指定一审法院审理。

专题三 PROJECT THREE 基本原则

考点一　平等原则、同等原则、对等原则

平等原则	当事人权利义务平等，包括诉讼权利义务相同或者相对应。
同等原则	外国人、无国籍人在中国法院起诉、应诉，其权利、义务与中国当事人相同。
对等原则	外国法院限制我国当事人的诉讼权利，我国法院对该国当事人实行对等原则。

背诵要点

1. 平等原则包括权利义务相同或者相对应，不能狭隘地理解为权利义务相同。

2. 同等原则和对等原则仅仅针对外国人、无国籍人适用。

设题陷阱

1. 平等原则要求当事人权利义务相同？

2. 当事人均有权委托代理人参加诉讼是平等原则的体现？

3. 原告与被告在诉讼中有一些不同但相对等的权利，是对等原则的体现？

分析：

1. 错误。平等原则包括权利义务相同或者相对应。

2. 正确。权利义务相同是平等原则的体现。

3. 错误。权利义务相对应是平等原则的体现。同等、对等原则仅适用于外国人、无国籍人。

考点二　处分原则、辩论原则

<table>
<tr><td>处分原则</td><td colspan="3">当事人有权在法律规定的范围内处分自己的民事权利与诉讼权利。</td></tr>
<tr><td rowspan="2">辩论原则</td><td rowspan="2">法院审理案件时当事人有权进行辩论</td><td rowspan="2">适用阶段</td><td>整个一审、二审、再审程序，但执行程序、特别程序、督促程序、公示催告程序不适用辩论原则。</td></tr>
<tr><td>总结与归纳：辩论原则适用于诉讼程序。</td></tr>
</table>

续表

<table>
<tr><td rowspan="2">辩论原则</td><td rowspan="2"></td><td>辩论形式</td><td>口头或书面</td></tr>
<tr><td>辩论内容</td><td>实体或者程序</td></tr>
<tr><td colspan="4">考点补充：约束性辩论原则——法院的审判权行使范围受当事人辩论的约束。具体要求如下：
1. 只有当事人提出并加以主张的事实，法院才能予以认定。
2. 对双方当事人都没有争议的事实，法院应当予以认定，即法院应当受当事人自认之事实的约束。
3. 法院对证据的调查，原则上仅限于当事人提出的证据，而不允许法院依职权主动调查收集证据。</td></tr>
</table>

背诵要点

1. 处分原则必须在法律规定的范围内行使。

2. 辩论的主体是当事人，证人、鉴定人等无辩论权。

3. 辩论原则适用于所有诉讼程序（如一审、二审、再审程序），而执行程序、特别程序、督促程序、公示催告程序不适用辩论原则。

4. 处分原则要求法院以当事人的诉讼请求为限作出判决，即法院的判决超出原告诉讼请求的违反处分原则；

5. 约束性辩论原则要求法院不能以当事人未加主张的事实作为裁判的依据，即法院以当事人未加主张的事实作为裁判的依据将违反辩论原则。

设题陷阱

1. 证人出庭陈述证言是证人行使辩论权的一种表现？

2. 当事人辩论权的行使仅局限于一审程序中开庭审理的法庭调查和法庭辩论阶段？

3. 督促程序不适用辩论原则？

4. 当事人向法院提交起诉状和答辩状是其行使辩论权的一种表现？

分析：

1. 错误。辩论权的主体是当事人，证人无辩论权。

2. 错误。辩论原则适用于所有的民事诉讼程序，贯穿民事诉讼始终。

3. 正确。执行程序、特别程序、督促程序、公示催告程序不适用辩论原则。

4. 正确。辩论的形式包括口头和书面，内容包括实体和程序。

技术流：约束性辩论原则 VS. 处分原则

例 1：张三因借款事实起诉要求李四归还借款 100 万元，法院认定借款事实后判决李四归还借款 100 万元和利息 1 万元，法院判决违反了什么原则？

例 2：原告张三因被告李四驾车撞倒自己而起诉要求李四赔偿医疗费 1 万元，法院判决认为李四是否撞倒张三无法查清，但介于李四车型大，刹车声刺耳，有可能吓倒张三，判决李四对张三医疗费承担50%的责任，该判决违反了什么原则？

例3：原告起诉被告要求解除婚姻关系，法院判决解除婚姻关系的同时对财产分割和子女抚养问题一并作出处理，该判决违反了什么原则？

一招制敌

约束性辩论原则要求只有当事人提出并加以主张的事实才能作为法院裁判的依据，故法院以当事人没有主张的事实作为裁判依据将违反辩论原则。

处分原则要求法院的判决应当受当事人诉讼请求的约束，判决超出原告诉讼请求将违反处分原则。

综上，法院判决超出当事人主张的事实，违反辩论原则；法院判决超出当事人的诉讼请求，违反处分原则。

据此分析上述题目

例1：违反处分原则。首先，法院的判决超出了原告的诉讼请求，违反处分原则。其次，张三主张的事实是借款事实，法院认定的也是借款事实，并未超出当事人主张的事实，不违反辩论原则。

例2：违反辩论原则。首先，原告要求赔偿医疗费，法院判决支持了其50%的主张，并未超出原告的诉讼请求，未违反处分原则。其次，原告主张的事实是被告撞倒自己，并未主张“吓倒”，法院以当事人未主张的事实作为裁判依据，违反辩论原则。

例3：违反处分原则与辩论原则。首先，原告的诉讼请求是解除婚姻关系，并未要求财产分割和子女抚养，判决超出原告的诉讼请求，违反处分原则。其次，原告主张解除婚姻关系，依据的事实是夫妻感情状况，而法院对财产分割、子女抚养问题的判决所依据的事实是财产状况、子女生活状况等，显然，法院以当事人未加主张的财产、子女等事实作为了裁判的依据，违反辩论原则。

深度拓展

从以上分析可以归纳出：处分原则往往针对当事人的诉讼请求，辩论原则往往针对当事人在事实和证据层面的主张。

1. 自认VS. 认诺

自认针对的对象是当事人的事实主张，自认要求法院的裁判受当事人自认事实的约束，体现了约束性辩论原则。

认诺针对的对象是当事人的诉讼请求，认诺是对对方诉讼请求的承认，导致对方诉讼请求成立，认诺人将会败诉。针对诉讼请求，体现了处分原则。

2. 除非法定情形（国家、社会、第三人利益，身份关系，程序性事实），法院一般不得依职权调查收集证据，是约束性辩论原则的要求。

设题陷阱

1. 法院以当事人未加以主张的事实作为裁判依据违反辩论原则？

2. 法院依职权调查收集与双方当事人实体权利义务相关的事实违反辩论原则？

3. 法院未将当事人自认的事实作为裁判的依据违反了处分原则？

4. 当事人主张的法律关系与法院根据案件事实作出的认定不一致，根据处分原则，当事人可以变更诉讼请求。

分析：

1. 正确。约束性辩论原则要求法院的裁判受当事人主张的事实的约束。法院只能以当事人主张的事实作为裁判的依据，当事人双方无争议的事实应当作为法院裁判的依据，法院除法定情形外不得依职权调查收集证据。

2. 正确。约束性辩论原则要求除非法定情形，法院不得依职权调查收集证据。①

3. 错误。自认制度要求法院应当受到当事人自认事实的约束，针对事实，体现辩论原则，故法院未将当事人自认事实作为裁判依据违反的辩论原则；

4. 正确。当事人可以变更诉讼请求，针对诉讼请求，体现了处分原则。

考点三 诚实信用原则、检察监督原则

一、诚实信用原则

概念	民事诉讼应当遵循诚实信用原则。
体现	诚实信用原则约束所有参与民事诉讼的主体，如： 1. 当事人应当诚实、善意行使权利，不得恶意诉讼等； 2. 证人应当如实作证，鉴定人应当如实出具鉴定意见等； 3. 法院应当以事实为根据，以法律为准绳，善意行使自由裁量权，不得对当事人提出的证据予以任意取舍。
规制恶意诉讼	当事人之间恶意串通，企图通过诉讼、调解等方式侵害他人合法权益的，法院应当依法判决驳回其诉讼请求，并视情节轻重予以罚款、拘留，构成犯罪的，依法追究刑事责任。 被执行人与他人恶意串通，通过诉讼、仲裁、调解等方式逃避履行法律文书确定的义务，法院应当根据情节轻重予以罚款、拘留；构成犯罪的，依法追究刑事责任。

① 2015年《民诉解释》第96条规定，法院认为审理案件需要的证据可以依职权调查收集，包括：（1）涉及可能损害国家、社会公共利益的；（2）涉及身份关系的；（3）涉及公益诉讼的；（4）当事人可能恶意串通损害他人合法权益的；（5）涉及依职权追加当事人、中止诉讼、终结诉讼、回避等程序性事项的。除此之外，法院调查收集证据应当依照当事人的申请进行。该条内容体现的是（约束性）辩论原则。《民事诉讼法》所规定的自认制度，亦是（约束性）辩论原则的体现。

背诵要点

1. 诚实信用原则应当贯穿民事诉讼全过程，约束所有参与民事诉讼的主体。

2. 对于恶意诉讼的，法院应当判决驳回诉讼请求，而不是裁定驳回起诉。

设题陷阱

1. 当事人以欺骗的方法形成不正当诉讼状态违反诚实信用原则？

2. 证人故意提供虚假证言违反诚实信用原则？

3. 法院根据案件审理情况对当事人提交的证据予以取舍违反诚实信用原则？

4. 法院对当事人提交的证据予以任意取舍违反诚实信用原则？

5. 张三欲与妻子李四离婚，但希望侵占夫妻共同财产，于是张三和王五恶意串通，由王五起诉张三要求归还借款。法院应当裁定驳回起诉，并视情节轻重予以罚款、拘留；构成犯罪的，依法追究刑事责任？

分析：

1. 正确。

2. 正确。

3. 错误。根据审理情况对证据予以取舍是法院行使审判权的体现。

4. 正确。任意取舍，自然违反诚实信用原则。

5. 错误。法院应当判决驳回诉讼请求，而不是裁定驳回起诉。

二、检察监督原则

概念	检察院有权对民事诉讼活动进行监督。	
监督对象	法院及其工作人员行使审判权和执行权的行为。	
监督方式	抗诉	通过抗诉启动再审，要求满足再审条件。
	检察建议	1. 通过检察建议方式启动再审，要求满足再审条件。 2. 通过检察建议对法院及法官的违法行为进行监督，要求其纠正。

背诵要点

1. 检察监督的对象是法院及其工作人员行使审判权和执行权的行为，人民调解委员会、仲裁委员会、当事人、证人等不是检察监督的对象。

2. 检察监督的方式包括抗诉和检察建议。

（1）抗诉是针对法院生效判决、裁定、调解书，其目的是启动再审，应当符合再审的条件。

（2）检察建议可以是针对生效判决、裁定、调解书，其目的是启动再审，应当符合再审的条件；也可以是针对审判人员的违法行为进行监督；还可以是针对执行行为进行监督。

设题陷阱

1. 检察院可以对当事人恶意串通进行虚假诉讼的行为进行监督？

2. 检察院可以对仲裁委员会、人民调解委员会的行为进行监督？

3. 检察院可以对法院的生效判决、裁定、调解书通过检察建议或者抗诉方式启动再审？

4. 检察院可以对法院的执行行为进行监督？

5. 检察院认为法院实现担保物权的裁定错误，可以对该裁定提出抗诉或者检察建议？

6. 检察院可以对法官在实现担保物权中接受当事人请客送礼的行为提出检察建议？

7. 某县人民检察院认为县法院的一审判决错误，可以提起抗诉启动二审程序？

分析：

1. 错误。检察监督的对象仅仅是法院及审判人员行使审判权、执行权的行为，不包括当事人的诉讼行为。

2. 错误。仲裁委员会、人民调解委员会不是检察监督的对象。

3. 正确。

4. 正确。

5. 错误。实现担保物权案件属于特别程序，不适用审判监督程序，故不能对其裁定提出抗诉或者检察建议。

6. 正确。对特别程序案件虽然不能启动再审，但是对其中审判人员的违法行为可以进行法律监督。

7. 错误。在民事诉讼中不存在检察院提出二审抗诉。这是刑诉中的表述！

专题四 PROJECT FOUR 基本制度

考点一 合议制与独任制

合议庭的组成	一审	由审判员、人民陪审员组成或者由审判员组成。
	二审	由审判员组成合议庭。
	再审	原来是一审程序的，按照一审程序另行组成合议庭。
		原来是二审程序的，按照二审程序另行组成合议庭。
		上级法院提审的，按照二审程序另行组成合议庭。
	特别程序	选民资格案件和重大、疑难案件由审判员组成合议庭。
独任制的适用情形	简易程序	基层法院（及其派出法庭）审理简单的第一审民事案件。
	特别程序	宣告公民失踪、死亡，认定公民无、限制民事行为能力，认定财产无主，确认调解协议效力，实现担保物权，但是其中重大、疑难或者选民资格案件应由审判员组成合议庭审理。
	督促程序	
	公示催告程序	其中公示催告阶段适用独任制； 宣告票据无效应由审判员组成合议庭。
评议原则	少数服从多数，不同意见如实记入评议笔录，评议过程和评议笔录保密。	

背诵要点

1. 人民陪审员参加适用一审程序审理（审级）的诉讼程序（案件性质）的合议庭。

2. 合议制≠普通程序；独任制≠简易程序。

普通程序适用合议制，但适用合议制的并非都是普通程序，如特别程序的重大、疑难案件、撤销仲裁裁决案件适用合议制，但并非普通程序。

简易程序适用独任制，但适用独任制的并非都是简易程序，如特别程序原则上适用独任制，但并非简易程序。

设题陷阱

1. 再审应当由审判员另行组成合议庭？

2. 法院适用特别程序审理案件，人民陪审员不参加案件的合议庭？

3. 中级法院审理案件应当由审判员组成合议庭？

4. 二审法院裁定发回重审的案件，原审法院可以由审判员与陪审员共同组成合议庭？

5. 独任制只适用于基层法院及其派出法庭？

6. 特别程序中除选民资格和重大、疑难案件外，一律适用简易程序审理？

7. 特别程序中的重大疑难案件应当适用普通程序审理？

8. 撤销仲裁裁决应当由审判员组成合议庭，适用普通程序审理？

分析：

1. 错误。如果是适用二审程序的再审，应当由审判员另行组成合议庭；如果是适用一审程序的再审，可以有人民陪审员参加合议庭。

2. 正确。人民陪审员只参加适用一审程序审理的诉讼程序。

3. 错误。中级法院如果作为一审法院，可以有人民陪审员参加合议庭。

4. 正确。对于发回重审的案件，应当按照一审程序组成合议庭。

5. 正确。独任制适用于简易程序、一般的特别程序、督促程序、公示催告程序的公示催告阶段，以上程序只能由基层法院及其派出法庭审理。

6. 错误。独任制≠简易程序。

7. 错误。合议制≠普通程序。

8. 错误。合议制≠普通程序。

考点二　回避制度

适用对象	审判人员、书记员、翻译人员、勘验人员、鉴定人、执行人员等。	
适用情形	1. 本人或者其近亲属与本案当事人或者代理人有利害关系，可能影响案件公正审理的； 2. 接受当事人及代理人请客送礼、违规会见当事人的； 3. 在一个审判程序中参与过本案审判工作的审判人员，不得参与本案其他程序的审判。但发回重审的案件，在一审法院作出裁判后，又进入二审程序的，原二审合议庭成员不受上述规定的限制。	
回避的方式	自行回避、指令回避、申请回避	
回避的申请	方式	口头或者书面，申请回避应当说明理由；
	时间	开始审理时提出，在开始审理后知道回避事由的，可以在法庭辩论终结前申请。
	申请效力	申请后，回避决定作出前，被申请回避的人应当暂停本案工作，但需要采取紧急措施的除外。
回避的决定	1. 审判人员的回避由院长决定（执行员、书记员的回避适用审判人员的规定）。 2. 其他人员的回避由审判长决定。 3. 院长的回避由审委会决定。	
救济	对驳回回避申请决定不服的，可以申请复议一次，复议不停止原决定的执行。	
注意	审判人员回避后，诉讼程序无需重新进行。	

背诵要点

1. 审判人员、执行人员、书记员的回避由院长决定。

2. 人民陪审员属于审判人员，其回避应由院长决定。

3. 当事人申请回避后，回避决定作出前，被申请回避的人应当暂停本案工作，但需要采取紧急措施的除外。

4. 法院驳回回避申请后，申请人可以申请复议。复议不停止原决定的执行，亦即在复议期间，被申请回避的人不停止本案工作。

[记忆规律]

关于回避的决定权，大家可以想象一下判决书最后的署名情况，审判长、审判员、人民陪审员、书记员，他们的回避均由院长决定。所以，要在判决书最后署名人的回避由院长决定，不在判决书最后署名人的回避由审判长决定。

设题陷阱

1. 当事人申请担任审判长的审判人员回避的，应由审委会决定？

2. 当事人申请人民陪审员回避的，应由审判长决定？

3. 审判长有权决定证人的回避？

4. 当事人申请回避后，回避决定作出前，被申请回避的人不停止本案审理工作？

5. 法院驳回当事人的回避申请，当事人不服而申请复议，复议期间被申请回避人不停止参与本案的审理工作？

6. 审判人员回避后，诉讼是否需要重新进行应当由合议庭决定？

7. 参与过本案一审的法官调任上级法院后不得再次参与本案的二审工作？

8. 二审将案件发回重审后，原一审法院应当另行组成合议庭对案件进行审理？

9. 二审法院将案件发回重审，一审法院作出重审判决后，当事人再次上诉，进入二审程序，原二审合议庭成员需要回避？

分析：

1. 错误。

2. 错误。人民陪审员是审判人员，应当由院长决定其回避。

3. 错误。证人不需要回避。

4. 错误。申请后，回避决定作出前，被申请回避的人应当暂停本案工作。

5. 正确。

6. 错误。民诉中，审判人员回避后，诉讼不需要重新进行。

7. 正确。

8. 正确。

9. 错误。在一个审判程序中参与过本案审判工作的审判人员，不得再参与该案其他程序的审判。但发回重审的案件，在一审法院作出裁判后又进入第二审程序的，原第二审程序中的合议庭组成人员不受上述规定的限制。

考点三　公开审判制度

概念	除法律另有规定外，民事案件的审理过程和判决结果应当向社会公开。	
例外	法定不公开	国家秘密、个人隐私、法律规定的其他案件。
	申请不公开	离婚诉讼、商业秘密。
注意	不论案件是否公开审理，评议过程和评议笔录绝对不公开；而宣判一律公开进行。	

设题陷阱

1. 公开审判是指法院审理案件和宣告判决一律公开进行的制度？

2. 涉及国家秘密的案件，属于法定不公开审理的案件？

3. 离婚案件，属于当事人申请不公开审理，法院决定可以不公开审理的案件？

4. 当事人是未成年人的案件应当不公开审理？

分析：

1. 错误。法律另有规定的除外。

2. 正确。

3. 正确。

4. 错误。该表述是刑诉的规定，民诉中是否公开审理与成年与否无关。

总结与归纳：关于公开

1. 公开审理：法院审理民事案件应当公开进行，但存在法定公开（国家秘密、个人隐私、法律规定的其他案件）；申请不公开（离婚诉讼、商业秘密）；不论案件是否公开审理，评议过程一定不公开，而宣判一律公开进行。

2. 公开质证：质证应当公开进行，但涉及国家秘密、商业秘密、个人隐私以及法律规定应当保密的证据不得在公开开庭时质证；

3. 不公开调解：调解过程不公开，但当事人同意公开的除外；调解协议内容不公开，但为了保护国家、社会、他人合法权益，法院认为有必要公开的除外；

4. 公众查阅生效法律文书：公众可以查阅发生法律效力的判决书、裁定书，但涉及国家秘密、商业秘密、个人隐私的除外。

（1）只准查判决书、裁定书，不能查调解书；

（2）只准查生效的，没生效的不准查；

（3）涉及国家秘密、商业秘密、个人隐私的不准查；

5. 不公开仲裁：仲裁以不公开审理为原则，当事人协议公开审理的可以公开审理，但涉及国家秘密的除外。

考点四　两审终审制度

一个民事案件经过两级法院审判后即告终结。

总结与归纳：一审终审的情形

1. 最高法院审理的案件，一审终审；
2. 特别程序、督促程序、公示催告程序一审终审；
3. 调解书一审终审，不得上诉；
4. 一般的裁定书一审终审，不得上诉（但有三个例外，即不予受理、驳回起诉以及管辖权异议裁定可以上诉）；
5. 小额诉讼程序（包括小额诉讼程序中的实体判决、驳回起诉、管辖权异议裁定）；
6. 根据《婚姻法解释（一）》第9条的规定，有关婚姻效力的判决，一经作出即发生法律效力，即一审终审。

背诵要点

“有关婚姻效力的判决”一审终审，其中“有关婚姻效力的判决”仅指确认婚姻有效、无效的判决；而离婚判决不属于“有关婚姻效力的判决”，可以上诉。

例1：张三起诉李四离婚，法院经过审理认为张三、李四是表兄妹关系，判决确认婚姻关系无效，该判决能否上诉？

例2：张三起诉李四离婚，法院经过审理，认为夫妻感情确已破裂，判决解除婚姻关系，该判决能否上诉。

分析：例1中判决确认婚姻关系无效，为有关婚姻效力的判决，一审终审，不能上诉；但例2中判决离婚，并不是有关婚姻效力的判决，可以上诉。

设题陷阱

1. 当事人对执行管辖异议裁定不服而提起上诉，法院应予受理？
2. 当事人对法院确认调解协议效力的裁定不服而提起上诉，法院应予受理？
3. 当事人对先予执行裁定不服而提起上诉，法院应予受理？
4. 所有的驳回起诉、管辖权异议裁定均能上诉？
5. 离婚诉讼的判决一审终审，当事人不能对离婚诉讼的判决提起上诉？
6. 当事人对认定婚姻无效的判决不能提起上诉？

分析：

1. 错误。诉讼管辖异议裁定可以上诉，但执行管辖异议裁定只能通过上级复议方式救济。
2. 错误。特别程序一审终审。
3. 错误。一般的裁定一审终审，但不予受理、驳回起诉和管辖权异议裁定除外。

4. 错误。不予受理、驳回起诉和管辖权异议裁定可以上诉，但小额诉讼程序中的驳回起诉和管辖权异议裁定一审终审。

5. 错误。离婚诉讼的判决并不等于有关婚姻效力的判决。

6. 正确。有关婚姻效力的判决一审终审。

专题五 PROJECT FIVE 主管与管辖

考点一　主　　管

<table>
<tr><td colspan="3">法院受理民事案件的范围——平等主体之间的人身、财产权利义务纠纷。</td></tr>
<tr><td rowspan="3">法院主管与其他组织主管民事案件的关系</td><td>与人民调解委员会</td><td>1. 人民调解委员会的调解协议不具有强制执行力，但具有法律约束力，类似于合同。
2. 当事人一方不履行调解协议的，对方当事人可以就调解协议向法院起诉。
3. 调解协议经法院确认后具有强制执行效力。</td></tr>
<tr><td>与仲裁委员会</td><td>1. 法院主管宽于仲裁委员会主管。（仲裁委员会只主管平等主体之间的财产纠纷，不管人身纠纷）
2. 或裁或审：有效的仲裁协议排斥法院司法管辖权。
3. 仲裁裁决被撤销或者被不予执行后，当事人可以向法院起诉。</td></tr>
<tr><td>与劳动仲裁</td><td>劳动纠纷仲裁前置，未经劳动仲裁，直接起诉的，法院不予受理。</td></tr>
</table>

背诵要点

1. 平等主体之间的人身、财产权利义务纠纷属于法院主管。

2. 人民调解委员会的调解协议有法律约束力，不具有强制执行力，不具有既判力。

3. 因为调解协议的履行发生纠纷可以就调解协议（而不是就原纠纷），以对方当事人为被告提起诉讼。

4. 法院制作的确认调解协议效力的裁定具有强制执行力。

5. 有有效的仲裁协议，法院不能对案件行使管辖权。

6. 劳动纠纷仲裁前置，未经劳动仲裁，直接向法院提起劳动诉讼的，法院不予受理。

设题陷阱

1. 人民调解委员会所做的调解协议不具有法律约束力？

2. 张三、李四因为侵权纠纷经某人民调解委员会调解约定李四赔偿张三5000元，李四拒不履行，张三可以申请强制执行？

3. 张三、李四因为侵权纠纷经某人民调解委员会调解约定李四赔偿张三

5000 元，李四拒不履行，张三可以就侵权纠纷起诉李四？

4. 张三因为甲公司拖欠工资而将甲公司总经理办公室砸毁，甲公司起诉张三赔偿损失 1 万元，诉讼中，张三反诉甲公司要工资 8000 元，法院对张三的反诉不予受理？

分析：

1. 错误。调解协议不具有强制执行效力，但具有法律约束力。

2. 错误。调解协议不具有强制执行效力。

3. 错误。张三应当就调解协议起诉李四，而不能就原侵权纠纷起诉李四；

4. 正确。张三反诉甲公司是要支付工资，劳动纠纷，仲裁前置，未经仲裁直接起诉的法院不予受理。

考点二　管辖权恒定原则

案件受理后，受诉法院的管辖权不受当事人住所地、经常居住地变更以及行政区划变化的影响。

法院对管辖权异议审查后，不因当事人提起反诉、增加或者变更诉讼请求等改变管辖，但违反级别管辖、专属管辖规定的除外。

设题陷阱

李四住所地在甲县，张三向甲县法院起诉李四要求支付货款，甲县法院受理。后来由于行政区划变化，李四住所地划为乙县辖区，甲县法院应当裁定将案件移送乙县法院？

分析：错误。管辖权恒定原则，法院受理案件后，受诉法院管辖权不受行政区划变化而影响，本案依然应当由甲县法院管辖，甲县法院不能移送乙县法院。

考点三　级别管辖

基层法院	基层法院管辖一审民事案件，《民事诉讼法》另有规定的除外。
中级法院	1. 重大涉外案件。 2. 在本辖区有重大影响的案件。 3. 最高法院确定由中级法院管辖的案件： （1）海事、海商案件； （2）公益诉讼案件； （3）专利纠纷案件； （根据 2015 年《民诉解释》第 2 条：专利纠纷案件由知识产权法院、最高法院确定的中级法院和基层法院管辖。） （4）仲裁相关：确认仲裁协议效力，撤销、执行仲裁裁决，涉外仲裁的财产、证据保全等。

续表

高级法院	在本辖区有重大影响的案件。
最高法院	1. 在全国有重大影响的案件。 2. 认为应当由本院管辖的案件。

背诵要点

1. 并非所有涉外案件均由中级法院管辖，重大和涉外两个要件缺一不可。

2. 专利纠纷案件由知识产权法院、最高法院确定的中级法院和基层法院管辖。

（1）并非所有的中级法院都有权管辖专利纠纷，仅有知识产权法院和最高法院确定的中级法院有权管辖。

（2）基层法院可以管辖专利纠纷，但需要最高法院确定。

3. 与仲裁有关的案件，除了国内仲裁的财产保全和国内仲裁的证据保全，其余均由中级法院管辖。

4. 有且仅有最高法院有权管辖认为应当由自己管辖的案件。

设题陷阱

1. 第一审民事案件原则上由基层法院管辖？

2. 涉外案件的管辖权全部属于中级法院？

3. 高级法院管辖的一审民事案件包括在本辖区内有重大影响的民事案件和它认为应当由自己审理的案件？

4. 最高法院仅管辖在全国有重大影响的民事案件？

5. 所有的中级法院均有权管辖专利纠纷？

分析：

1. 正确。

2. 错误。

3. 错误。

4. 错误。

5. 错误。只有知识产权法院、最高法院确定的中级法院、最高法院确定的基层法院有权管辖专利纠纷案件。

考点四　一般地域管辖

<table>
<tr><td colspan="3">概念：根据法院辖区与当事人所在地之间的隶属关系确定的管辖，包括原告就被告，也包括特殊情形下的被告就原告。</td></tr>
<tr><td>原则</td><td>原告就被告</td><td>原则的重申：2015 年《民诉解释》规定了三种原告就被告的情形。
1. 双方当事人都被监禁或者被采取强制性教育措施的，由被告原住所地法院管辖。被告被监禁或者被采取强制性教育措施 1 年以上的，由被告被监禁地或者被采取强制性教育措施地法院管辖。</td></tr>
</table>

续表

原则	原告就被告	2. 双方当事人均被注销户籍的，由被告居住地法院管辖。 3. 夫妻双方离开住所地超过 1 年，一方起诉离婚的案件，由被告经常居住地法院管辖；没有经常居住地的，由原告起诉时被告居住地法院管辖
例外	被告就原告	1.《民事诉讼法》的规定： (1) 对不在中华人民共和国领域内居住的人提起有关身份关系的诉讼； (2) 对下落不明或者宣告失踪的人提起有关身份关系的诉讼； (3) 对正在被采取强制性教育措施的人提起的诉讼； (4) 对正在被监禁的人提起的诉讼。 2. 2015 年《民诉解释》的规定： (1) 被告一方被注销户籍的，由原告所在地法院管辖； (2) 追索赡养费、扶养费、抚育费的几个被告住所地不在同一辖区的，可以由原告住所地法院管辖（也可以由被告住所地法院管辖）； (3) 夫妻一方离开住所地超过 1 年，另一方起诉离婚的，可以由原告住所地法院管辖（也可以由被告住所地法院管辖）。

背诵要点

1. 但凡以当事人的住所与法院的隶属关系确定的管辖均为一般地域管辖，包括原告就被告，也包括被告就原告。而不以当事人的住所与法院的隶属关系确定的管辖，如合同纠纷中的合同履行地、侵权纠纷中的侵权行为地法院等为特殊地域管辖。

2. 一般地域管辖的原则是原告就被告，只有在被告一方存在特殊情形的时候适用例外规定，即被告就原告。

3. 并非对不在中国领域内居住的人或者下落不明或者宣告失踪的人提起的诉讼均由原告住所地管辖，而是仅限于身份关系诉讼。

设题陷阱

1. 一般情形下案件由被告住所地法院管辖，为一般地域管辖，但特殊情形下应当由原告住所地法院管辖，为特殊地域管辖？

2. 对下落不明或者宣告失踪的人提起的民事诉讼，均应由原告住所地法院管辖？

3. 居住地在甲区的张三要求居住地在乙区的李四在丙区履行合同，由于李四下落不明，张三向甲区法院起诉，甲区法院不予受理？

分析：

1. 错误。

2. 错误。

3. 正确。本案虽然被告下落不明，但由于本案不是身份关系诉讼，不能由原告住所地法院管辖，故本案原告住所地甲区法院没有管辖权，应当依法不予受理。

难点解读：当事人住所地的判断

例 1：北京市海淀区的张三，自 2016 年至今一直居住在北京市东城区，其间于 2018 年 8 月将户口迁出，尚未落户，2019 年 12 月因为某纠纷涉诉，原告欲起诉张三，如果以被告所在地确定管辖法院，应当向哪个法院起诉？

例 2：北京市海淀区的张三，自 2016 年 8 月至 2019 年 8 月一直居住在北京市东城区，2019 年 9 月因为工作调动，在北京市西城区居住，12 月因某案涉诉，原告欲起诉张三，如果以被告所在地确定管辖法院，应当向哪个法院起诉？

例 3：北京市海淀区的张三，自 2016 年 8 月至 2019 年 8 月一直居住在北京市东城区，2019 年 9 月因工作调动，在北京市西城区居住，在 2019 年 1 月将户籍从海淀区迁出，尚未落户，12 月因为某案涉诉，原告欲起诉张三，如果以被告所在地确定管辖法院，应当向哪个法院起诉？

一招制敌

判断当事人住所地涉及经常居住地、户籍所在地以及户籍迁出没有落户的情形，总结如下思路：

第一步：判断经常居住地，有经常居住地的以经常居住地为准；

经常居住地的判断：首先找起诉时住哪？其次判断在该处是否住满 1 年？

（1）如果已经住满 1 年，该地为经常居住地，以其为准；

（2）如果没有住满 1 年，该地不是经常居住地，且当事人没有经常居住地，直接进入第二步。

第二步：没有经常居住地的，以户籍所在地为准；

第三步：没有经常居住地，又没有户籍所在地（户籍迁出没有落户）的，以原户籍所在地为准。

据此分析上述例题：

例 1：第一步找经常居住地，起诉时张三住北京市东城区，已经住满 1 年（2016 至今），故北京市东城区为经常居住地，本案应当由北京市东城区法院管辖；

例 2：第一步找经常居住地，起诉时张三住北京市西城区，没有住满 1 年（2019 年 9 月至起诉时 12 月），故张三没有经常居住地，进入第二步，找户籍所在地，户籍所在地为北京市海淀区，故本案应当由北京市海淀区法院管辖；

例 3：第一步找经常居住地，起诉时张三住北京市西城区，没有住满 1 年（2019 年 9 月至起诉时 12 月），故张三没有经常居住地，进入第二步，找户籍所在地，户籍迁出没有落户，进入第三步，由原户籍所在地法院管辖，故应当由北京市海淀区法院管辖。

考点五　特殊地域管辖

<table>
<tr><td colspan="4">以引起民事法律关系发生、变更、消灭的法律事实所在地与法院辖区之间的关系为标准确定的管辖。</td></tr>
<tr><td rowspan="3">合同纠纷</td><td colspan="3">因合同纠纷提起诉讼，由被告住所地或者合同履行地法院管辖。</td></tr>
<tr><td rowspan="2">关于合同履行地的管辖权需要考虑的问题</td><td>合同没有实际履行</td><td>1. 合同没有实际履行，但一方当事人的住所地在约定的履行地，被告住所地和约定履行地法院均有权管辖。
2. 合同没有实际履行，且约定履行地不在一方当事人住所地的，约定履行地法院无管辖权，案件由被告住所地法院管辖。</td></tr>
<tr><td>合同已实际履行</td><td>1. 合同约定履行地点的，以约定的履行地点为合同履行地。
2. 没有约定或者约定不明的：
（1）给付货币的，接收货币一方所在地为合同履行地；
（2）交付不动产的，不动产所在地为合同履行地；
（3）交付其他标的，履行义务一方所在地为合同履行地；
（4）即时结清的合同，交易行为地为合同履行地；
（5）财产租赁合同、融资租赁合同以租赁物使用地为合同履行地；
（6）以信息网络方式订立的买卖合同，通过信息网络交付标的的，以买受人住所地为合同履行地；通过其他方式交付标的的，收货地为合同履行地。</td></tr>
<tr><td rowspan="3">侵权纠纷</td><td colspan="3">由侵权行为地或者被告住所地法院管辖。</td></tr>
<tr><td rowspan="2">特殊侵权</td><td>产品、服务侵权</td><td>产品制造地、产品销售地、服务提供地、侵权行为地、被告住所地法院。</td></tr>
<tr><td>信息网络侵权</td><td>信息网络侵权行为实施地包括实施被诉侵权行为的计算机等信息设备所在地，侵权结果发生地包括被侵权人住所地。</td></tr>
<tr><td rowspan="6">其他特殊管辖</td><td colspan="2">公司诉讼</td><td>公司设立、确认股东资格、分配利润、解散等诉讼，由公司住所地法院管辖。</td></tr>
<tr><td colspan="2" rowspan="2">保险合同纠纷</td><td>被告住所地、保险标的物所在地法院。</td></tr>
<tr><td>1. 因财产保险合同纠纷提起的诉讼，如果保险标的物为运输工具或运输中的货物，可以由运输工具登记注册地、运输目的地、保险事故发生地法院管辖。
2. 因人身保险合同纠纷提起的诉讼，可以由被保险人住所地法院管辖。</td></tr>
<tr><td colspan="2">票据纠纷</td><td>被告住所地、票据支付地法院。</td></tr>
<tr><td colspan="2">运输合同纠纷</td><td>被告住所地、运输始发地、目的地法院。</td></tr>
<tr><td colspan="2">运输侵权纠纷</td><td>被告住所地、事故发生地、车辆船舶最先到达地、航空器最先降落地法院。</td></tr>
</table>

续表

其他特殊管辖	海难救助、共同海损	被告住所地法院无管辖权。

背诵要点

1. 侵权纠纷由侵权行为地和被告住所地法院管辖；

2. 合同纠纷由被告住所地和合同履行地法院管辖：

情形一：如果合同没有实际履行，且约定履行地没在当事人一方住所地，约定履行地无管辖权，案件只能由被告住所地法院管辖；

情形二：如果合同已经实际履行：

1. 有约定履行地的，以约定履行地为准；

2. 没有约定履行地的，以实际履行地为准，实际履行地按照如下方式确定：

A. 给付货币的，接收货币一方所在地为合同履行地

B. 交付不动产的，不动产所在地为合同履行地

C. 交付其他标的，履行义务一方所在地为合同履行地

D. 即时结清的合同，交易行为地为合同履行地

E. 财产租赁合同、融资租赁合同以租赁物使用地为合同履行地

F. 以信息网络方式订立的买卖合同，通过信息网络交付标的的，以买受人住所地为合同履行地；通过其他方式交付标的的，收货地为合同履行地

注意：在双务合同中，确定到底是给付货币还是其他标的，确定到底谁为接受货币、履行义务一方应当结合合同性质与原告诉讼请求进行综合判断。

设题陷阱

例1：甲区张三与乙区李四签订房屋买卖合同，约定李四将位于丙区的房屋出卖给张三。

（1）张三支付房款后李四拒不交付房屋，张三起诉李四，本案由哪（些）个法院管辖？

（2）李四交付房屋后，张三拒不支付房款，李四起诉张三，本案由哪（些）个法院管辖？

例2：甲区张三与乙区李四签订家具买卖合同，约定李四将一批家具出卖给张三。

（1）张三支付价款后李四拒不交付家具，张三起诉李四，本案由哪（些）个法院管辖？

（2）李四交付家具后，张三拒不付款，李四起诉张三，本案由哪（些）个法院管辖？

例3：甲区张三借款1万给乙区李四，张三起诉李四要求归还借款，本案由哪（些）个法院管辖？

例4：张三（住所地深圳市南山区）在京西网（京西公司住所地为北京

市海淀区）为女友李四购买了品牌皮包，收货地为李四住所地广州市海珠区，李四认为该包为A货，张三拟起诉京西公司要求赔偿，应当由哪些法院管辖？

分析：

例1：（1）张三起诉李四，诉讼请求是要求李四交付房屋，即为交付不动产，由不动产所在地丙区为合同履行地，故本案应当由被告李四住所地乙区法院和合同履行地丙区法院管辖；

（2）李四起诉张三，诉讼请求是要求张三支付房款，即为给付货币，由接收货币一方（李四住所地乙区）为合同履行地，故本案应当由被告张三住所地甲区法院和合同履行地乙区法院管辖。

例2：（1）张三起诉李四，诉讼请求是要求李四交付家具，即为交付其他标的，由履行义务一方（即李四住所地）为合同履行地，故本案被告住所地和合同履行地均为李四住所地乙区，故本案应当由乙区法院管辖；

（2）李四起诉张三，诉讼请求是要求张三支付货款，即为给付货币，以接收货币一方（李四住所地乙区）为合同履行地，故本案应当由被告张三住所地甲区法院和合同履行地乙区法院管辖。

例3：张三起诉李四，诉讼请求是要求李四归还借款，即为给付货币，以接收货币一方（张三住所地甲区）为合同履行地，故本案应当由被告李四住所地乙区法院和合同履行地甲区法院管辖。

例4：合同纠纷由被告住所地和合同履行地法院管辖，本案被告住所地为北京市海淀区，合同没有约定履行地，应以实际履行地为准，本案是通过信息网络方式签订的买卖合同，是以其他方式（实物）交付标的的，以收货地为合同履行地，收货地为广州市海珠区。故本案应当由北京市海淀区法院或广州市海珠区法院管辖。

考点六　专属管辖

一般专属管辖	不动产纠纷	不动产所在地法院。
	港口作业	港口所在地法院。
	遗产纠纷	被继承人死亡时住所地、主要遗产所在地法院。
涉外专属管辖	在中国履行的中外合资经营企业、中外合作经营企业、中外合作勘探开发自然资源合同发生的纠纷，由中国法院专属管辖。	

背诵要点

不动产纠纷指因不动产的权利确认、分割、相邻关系等引起的物权纠纷以及四个合同纠纷（农村土地承包经营合同纠纷、房屋租赁合同纠纷、建设工程施工合同纠纷、政策性房屋买卖合同纠纷）参照不动产纠纷适用。

注意：普通的房屋买卖合同纠纷不再适用专属管辖。

设题陷阱

中外合资企业与别的民事主体发生纠纷，应当由中国法院专属管辖？

分析：错误。偷换概念。

考点七 协议管辖

合同或者其他财产权益纠纷的当事人可以书面协议选择被告住所地、合同履行地、合同签订地、原告住所地、标的物所在地等与争议有实际联系的地点的法院管辖，但不得违背《民事诉讼法》对级别管辖和专属管辖的规定。

背诵要点

1. 协议管辖仅适用于合同或者其他财产权益纠纷的一审地域管辖。

2. 管辖协议必须书面，口头管辖协议无效。

3. 管辖协议约定两个以上与争议有实际联系的地点的法院管辖，原告可以向其中一个法院起诉。

技术流：合同纠纷的解题思路

例 1：A 区甲公司与 B 区乙公司在 C 区签订了租赁合同，约定乙公司将位于 D 区的厂房租赁给甲公司，同时约定因为履行本合同发生纠纷，由合同签订地 C 区人民法院管辖。后甲乙公司因为履行本合同发生纠纷，请问由哪些（个）法院管辖？

例 2：A 区甲公司与 B 区乙公司在 C 区签订家具加工合同，约定乙公司在 D 区为甲公司加工一批家具，同时约定因为履行本合同发生纠纷，由合同实际履行地法院管辖；后因为生产条件限制，乙公司在 E 区完成了这批家具的加工，因为家具质量问题，甲公司起诉乙公司，请问由哪些（个）法院管辖？

例 3：A 区甲公司与 B 区乙公司在 C 区签订家具加工合同，约定乙公司在 D 区为甲公司加工一批家具，后来乙公司拒不履行合同，甲公司起诉乙公司，请问由哪些（个）法院管辖？

例 4：A 区甲公司与 B 区乙公司在 C 区签订家具加工合同，约定乙公司在 D 区为甲公司加工一批家具，后来由于生产条件限制，乙公司在 E 区完成了这批家具加工，因为家具质量问题，甲公司起诉乙公司，请问由哪些（个）法院管辖？

一招制敌

确定合同纠纷管辖“三步走”

1. 先判断专属管辖，有专属管辖的直接由专属管辖法院管辖。

2. 没有专属管辖再判断协议管辖，有有效的管辖协议的，以协议确定的法院管辖。

3. 没有专属管辖也没有协议管辖的，再判断法定管辖（被告住所地和合同履行地法院管辖）：

（1）进入法定管辖后首先找到被告住所地，一定有管辖权。

（2）再判断合同履行地：①首先判断合同是否实际履行，如果合同未实际履行，且约定履行地没在一方住所地，约定履行地无管辖权，案件只能由被告住所地法院管辖；如果合同履行了，进入下一步；②合同实际履行了，约定履行地与实际履行地不一致的，由被告住所地和约定履行地法院管辖。

据此分析以上题目：

例1：本案应当由D区法院管辖。直接根据“三步走”的第一步，本案属于不动产租赁合同纠纷，由不动产所在地D区法院专属管辖；本案虽有管辖协议，但管辖协议因违背专属管辖而无效，故管辖协议无效。

例2：本案应当由E区法院管辖。第一步，本案不存在专属管辖；进入第二步，本案存在协议管辖（由实际履行地法院管辖），故本案应当根据管辖协议确定由实际履行地E区法院管辖。有同学提出，约定履行地和实际履行地不一致，不是应当以约定履行为准吗？注意，只有在第三步法定管辖时才讨论约定履行地与实际履行地不一致的问题，而本案中在第二步协议管辖中即已经确定，无需进入第三步，故约定履行地与实际履行地不一致的表述为干扰信息。

例3：本案应当由B区法院管辖。第一步，本案不存在专属管辖；进入第二步，本案不存在协议管辖；进入第三步，首先确定被告住所地有管辖权，然后讨论合同履行地：合同没有实际履行，约定履行地不在当事人一方住所地，故约定履行地无管辖权。故本案应当由被告住所地B区法院管辖。

例4：本案由B区和D区法院管辖。本案不存在专属管辖，也不存在协议管辖，故进入第三步法定管辖，首先确定被告住所地B区法院有管辖权，然后讨论合同履行地：合同已经履行，但约定履行地与实际履行地不一致，以约定履行地为准，故本案应当由被告住所地B区法院和合同约定履行地D区法院管辖。

考点八　共同管辖和选择管辖

共同管辖	对于同一个案件两个以上法院都有管辖权。
选择管辖	两个以上法院都有管辖权时，原告有权选择向其中一个法院起诉。
原告向两个有管辖权的法院起诉	最先立案的法院管辖。 先立案的法院不能将案件移送给其他有管辖权的法院。 后立案的法院应当裁定将案件移送给先立案的法院。

设题陷阱

当事人有权通过协议约定合同或者其他财产权益纠纷的管辖法院，这是选择管辖？

分析：错误。这是协议管辖。

考点九　裁定管辖

移送管辖	概念	法院受理案件后，当事人在答辩期间届满后未应诉答辩，法院在一审开庭前，发现案件不属于本院管辖的，应当裁定移送给有管辖权的法院。
	要件	1. 已经受理案件。 2. 发现自己无管辖权。 3. 被告在提交答辩状期间未应诉答辩。（即受诉法院没有取得应诉管辖权） 4. 受移送的法院对案件有管辖权。
	注意	移送管辖只能发生一次，受移送法院认为自己也无管辖权，不得再行移送，只能报请（自己的）上级法院指定管辖。
指定管辖	概念	上级法院以裁定方式指定下级法院对案件行使管辖权。
	情形	1. 受移送法院认为自己对移送来的案件无管辖权，报上级法院指定管辖。 2. 有管辖权的法院由于特殊原因不能行使管辖权，由上级法院指定管辖。 3. 通过协商不能解决管辖权争议，报共同的上级法院指定管辖。
管辖权转移	概念	根据上级法院的决定或者同意，案件在上下级法院之间转移。
	向上转移	上级法院有权审理下级法院管辖的第一审民事案件： 1. 上级法院认为下级法院管辖的案件由自己审理更为合适，下达裁定转移管辖权。 2. 下级法院认为自己管辖的案件需要由上级法院管辖，经上级法院同意后转移。
	向下转移	上级法院认为“确有必要”将本院管辖的一审案件交下级法院审理的，应当报请其上级法院批准： 1. 破产程序中有关债务人的诉讼案件； 2. 当事人人数众多且不方便诉讼的案件； 3. 最高法院确定的其他类型案件。
		注意：下级法院不得报请上级法院将其管辖的民事案件交自己审理。即依法由上级法院管辖的案件，上级法院依法转移给下级法院，下级法院接着，上级法院没有转移给下级法院的，下级法院不能主动伸手要。

总结与归纳：移送管辖是错误立案的纠错程序

1. 错误立案要移送管辖

（1）移送管辖可以发生在同级法院之间，纠正地域管辖的错误，也可以发生在上下级法院之间，纠正级别管辖的错误。

(2) 既然是纠错，自然是一种单方行为，不需要受移送法院同意，哪怕受移送法院是上级法院。

(3) 当事人在答辩期满未应诉答辩的，法院在一审开庭前发现案件不属于本院管辖的，应当裁定将案件移送给有管辖权的法院。

(4) 两个法院都有管辖权的案件，由最先立案的法院取得管辖权，后立案的法院不再行使管辖权，应当裁定将案件移送给先立案的法院，且先立案的法院不得将案件移送给其他有管辖权的法院。

(5) 对于当事人提出的管辖权异议，法院审查认为异议成立的，应当裁定移送管辖。

2. 没错不需要移送管辖

(1) 基于管辖权恒定原则：法院受理案件后，行政区划、当事人住所地发生变化的，受理案件的法院不能将案件移送给变化后有管辖权的法院。

(2) 基于先立案法院管辖：两个以上法院有管辖权的，先立案的法院取得管辖权，不能将案件移送给后立案的法院。

(3) 基于应诉管辖：法院立案后，被告在提交答辩状期间未提出管辖权异议并应诉答辩的，受诉法院取得应诉管辖权，故不能再移送管辖。

一招制敌

移送管辖 VS. 管辖权转移

移送管辖是错误立案的纠错程序，管辖权转移是对级别管辖的变通。

判断如下四种情形分别属于移送管辖还是管辖权转移：

(1) 基层法院受理案件后认为本案应当由中院管辖，将案件给中院。

(2) 基层法院受理案件后认为本案需要由中院审理，将案件给中院。

(3) 中院受理案件后认为本案应当由基层法院管辖，将案件给基层法院。

(4) 中院受理案件后认为本案确有必要交由基层法院审理，将案件给基层法院。

分析：

(1) 本案依法应当由中院管辖，基层法院受理错了，给中院，是纠错，为移送管辖，无需中院同意。

(2) 本案依法应当由基层法院管辖，只是其认为需要由中院审理，给中院，是变通，为管辖权转移，需要经过中院同意。

(3) 本案依法应当由基层法院管辖，中院受理错了，给基层法院，是纠错，为移送管辖，无需报经高级法院批准。

(4) 本案依法应当由中院管辖，中院认为有必要由基层法院审理，给基层法院，是变通，属于管辖权转移，要报经高级法院批准。

例1：广州市中级人民法院受理案件后，认为本案依法应当由广州市海珠区人民法院管辖：

广州中院应当裁定将案件移送海珠区人民法院，此为移送管辖；

广州中院也可以裁定将案件由自己审理，此为管辖权转移。（本应当由海珠区法院审理的案件，广州中院裁定将案件由自己审理）

例2：广州市海珠区人民法院受理案件后，认为本案依法应当由广州中院管辖：

（1）海珠区人民法院应当裁定将案件移送广州中院；

（2）海珠区人民法院不得报请中院将案件转移给本案院审理。（下级法院不得报请上级法院将其管辖的民事案件交自己审理）

设题陷阱

1. 某区法院受理某合同纠纷案后，发现自己没有级别管辖权，将案件移送至该市中级法院审理，这属于管辖权的转移？

2. 基层法院认为自己管辖的案件需要由中级法院审理，报经中级法院同意后，由中级法院审理，这是移送管辖？

3. 移送管辖发生在同级法院之间，管辖权转移发生在上下级法院之间？

4. 基层法院受理案件后发现该案应当由中级法院管辖，可以报请中级法院将案件交由本院审理？

5. 中级法院受理案件后发现案件当事人人数众多，且不方便诉讼，可以在报请高级法院批准后将案件转移至辖区内的基层法院审理？

分析：

1. 错误。纠正错误立案是移送管辖。移送管辖可以发生在同级法院之间，也可以发生在上下级法院之间。

2. 错误。级别管辖的变通，为管辖权转移。

3. 错误。

4. 错误。下级法院不得报请上级法院将上级法院管辖的案件交由自己审理。

5. 正确。法院确有必要将案件转移给下级法院审理的，报请自己的上级法院批准。

考点十　管辖权异议

主体	本案当事人，实践中常为被告。 第三人（包括有独三和无独三）均无权提出管辖权异议。
客体	一审民事案件的管辖权，包括级别管辖和地域管辖。
时间	提交答辩状期间。
应诉管辖	当事人在提交答辩状期间没有提出管辖权异议，并应诉答辩的，视为受诉法院有管辖权，但违背级别管辖和专属管辖的除外。

续表

处理	异议成立———裁定将案件移送有管辖权的法院。 异议不成立——裁定驳回。
救济	当事人对管辖权异议裁定不服，可以在10日内上诉。
注意	在管辖权异议裁定作出前，原告申请撤回起诉，受诉法院作出准予撤回起诉裁定的，对管辖权异议不再审查，并在裁定书中一并写明。

背诵要点

1. 第三人（包括有独三、无独三）均不能提出管辖权异议。

2. 当事人可以对级别管辖和地域管辖提出异议。

3. 管辖权异议应当在提交答辩状期间提出。当事人在该期间没有提出管辖权异议，并应诉答辩的，视为受诉法院有管辖权，为应诉管辖。但违背级别管辖和专属管辖的除外。

4. 基于应诉管辖的规定，法院发回重审或者按照一审程序再审的案件，当事人提出管辖权异议的，法院不予审查。

5. 管辖权异议成立则说明受诉法院没有管辖权，应当移送管辖以纠正错误立案。

6. 在管辖权异议裁定作出前，原告申请撤诉获准的，法院直接裁定准予撤诉，对管辖权异议不再处理，在准予撤诉的裁定书中一并写明。

7. 对管辖权异议裁定不服的，可以通过上诉途径救济。

总结与归纳一：几个重要文书的救济

上诉	不予受理、驳回起诉、管辖权异议 （但是小额诉讼程序的驳回起诉和管辖权异议裁定不能上诉）	
复议	同级复议	回避、保全、先予执行
	上级复议	罚款、拘留、执行管辖异议、执行行为异议

总结与归纳二：诉讼管辖与执行管辖的异同

		诉讼管辖	执行管辖
相同之处	一个案件两个以上法院都有管辖权的，原告（或申请人）可以选择向其中一个法院起诉（或申请执行），原告（或申请人）先后向两个法院起诉（或申请执行）的，由最先立案的法院管辖		
不同之处	后立案法院如何处理	后立案的法院应当裁定移送管辖	后立案的法院应当裁定撤销案件
	提出管辖权异议时间	提交答辩状期间	收到执行通知书10日内
	异议成立后的处理	裁定移送管辖	裁定撤销案件
	管辖权异议的救济	上诉	上级复议

设题陷阱

1. 级别管辖不适用管辖权异议制度？

2. 通常情况下，当事人只能在提交答辩状期间提出管辖权异议？

3. 管辖权异议成立的，法院应当裁定将案件移送有管辖权的法院；异议不成立的，裁定驳回？

4. 对于生效的管辖权异议裁定，当事人可以申请复议一次，但不影响法院对案件的审理？

5. 当事人对执行管辖异议裁定不服而提出上诉的，上级法院应当受理？

6. 张某起诉李某，某区法院受理后，李某提出管辖权异议，某区法院驳回其异议，李某不服，提起上诉。中级法院对管辖权异议二审期间，张某申请撤诉，此时应当直接由某区法院裁定准许撤诉，对管辖权异议问题不再处理，并在准许撤诉裁定书中一并写明？

7. 甲区张三和乙区李四签订合同，约定李四在丙区向张三交付一批货物，后来合同没有实际履行。张三向丙区法院起诉李四，丙区法院受理后，经过审理，判决李四败诉。李四不服一审判决，以一审法院没有管辖权为由提起上诉，请求二审法院撤销一审判决，驳回原告起诉。二审法院应当依法判决驳回上诉，维持原判？

8. 甲区张三和乙区李四签订合同，约定李四在丙区向张三交付一批货物，后来合同没有实际履行。张三向丙区法院起诉李四，丙区法院受理后，经过审理，判决李四败诉。李四不服一审判决，提起上诉，二审法院以一审法院认定基本事实不清为由将案件发回一审法院重审。重审中被告李四提出管辖权异议，一审法院不予审查？

9. 甲区张三和乙区李四签订合同，约定李四在丙区向张三交付一批货物，后来合同没有实际履行。张三向丙区法院起诉李四，丙区法院受理后，经过审理，判决李四败诉。判决生效后，李四以一审法院没有管辖权为由申请再审，法院应当驳回再审申请？

分析：

1. 错误。

2. 正确。

3. 正确。

4. 错误。管辖权异议裁定的救济方式为上诉。

5. 错误。执行管辖异议裁定的救济方式为上级复议。

6. 正确。李某对管辖权异议裁定提出上诉，中级法院对管辖权异议二审期间，管辖权异议裁定尚未生效，仍处于管辖权异议裁定生效前，此时原告申请撤诉，受诉法院（受诉法院仍为某区法院，当事人仅仅是对管辖权异议问题上诉，仅仅是管辖权异议问题进入二审）应当直接裁定准许撤诉，对管辖权问题不再处理，并在准许撤诉裁定书中一并写明。

7. 正确。本案合同没有实际履行，约定履行地丙区没在一方住所地，故丙区法院本无管辖权。但被告在提交答辩状期间没有提出管辖权异议，且应诉答辩，故丙区法院取得应诉管辖权。故乙公司的上诉请求不成立，二审法院应当判决驳回上诉，维持原判。

8. 正确。管辖权异议应当在一审提交答辩状期间提出，在发回重审或者再审中提出管辖权异议的，法院不予审查。

9. 正确。管辖权错误不属于当事人申请再审的情形，当事人不能以法院没有管辖权为由申请再审。

专题六 PROJECT SIX 当　事　人

考点一　诉讼权利能力、诉讼行为能力、当事人适格

一、诉讼权利能力	
概念	成为民事诉讼当事人，享有诉讼权利、承担诉讼义务的资格。
公民	始于出生，终于死亡。
法人	始于成立，终于终止。（法人终止的标志是“注销”）
其他组织	符合条件的其他组织，具有诉讼权利能力，始于成立，终于终止： 1. 依法登记并领取营业执照的个人独资企业、合伙企业、中外合作经营企业、外资企业、乡镇企业、街道企业。 2. 依法设立并领取营业执照的法人的分支机构，依法成立的社会团体的分支机构、代表机构。 3. 依法设立并领取营业执照的商业银行、政策性银行和非银行金融机构的分支机构。
二、诉讼行为能力	
概念	通过亲自实施诉讼行为，行使权利、承担义务的资格。
公民	有诉讼行为能力——完全民事行为能力人。 无诉讼行为能力——无民事行为能力人、限制民事行为能力人。
法人和其他组织	诉讼行为能力与诉讼权利能力同时产生、同时消灭。
三、当事人适格	
概念	对于具体的诉讼，有作为本案当事人起诉或者应诉的资格。
原则	本案所争议的民事法律关系（即本案诉讼标的）的主体即为本案适格当事人。
例外	1. 失踪人的财产代管人、遗产管理人和遗嘱执行人、股东代表诉讼中的股东、著作权集体管理组织、为保护死者名誉而起诉的死者的近亲属。 2. 确认之诉中对诉讼标的有确认利益的人或组织。 3. 依法可以提起公益诉讼的机关和组织。

背诵要点

1. 自然人和法人具有诉讼权利能力，有一些其他组织虽然没有法人资格，

但为了方便其诉讼，在符合一定条件下也赋予其诉讼权利能力。它们分别是：（1）依法登记并领取营业执照的私营企业、合伙企业等；（2）依法设立并领取营业执照的法人的分支机构；（3）依法设立并领取营业执照的金融机构的分支机构。

2. 企业法人诉讼权利能力消灭的标志是注销，在注销之前，企业法人具有诉讼权利能力，能以自己的名义起诉、应诉。注销之后，法人诉讼权利能力消灭，应当分情形讨论：（1）如果是依法清算并被注销的，股东、出资人、发起人等无需承担责任；（2）未经依法清算即被注销，股东、出资人、发起人为共同诉讼人。

3. 诉讼权利能力是作为抽象的诉讼当事人的资格，与具体的诉讼没有直接的联系；当事人适格是作为具体的诉讼当事人的资格，是针对具体的诉讼而言的。有诉讼权利能力不一定是适格当事人，而适格当事人一定具有诉讼权利能力。故诉讼权利能力是当事人适格的基础。

4. 一般情形下，本案所争议的民事法律关系的主体为本案适格当事人。但在某些例外情况下，非本案实体法律关系的主体，也可以作为适格当事人，例如：（1）确认之诉中对诉讼标的享有确认利益的人；（2）失踪人的财产代管人、遗产管理人、遗嘱执行人、股东代表诉讼中的股东、为保护死者名誉而起诉的死者的近亲属、著作权集体管理组织等依法或者依照当事人授权对当事人民事权利享有管理权的人；（3）依法可以提起公益诉讼的机关和组织。

设题陷阱

1. 民事诉讼权利能力都是以民事行为能力为基础的？

2. 被宣告为无民事行为能力的成年人可以自己的名义作为当事人进行诉讼？

3. 企业法人在清算期间，应当以清算组的名义起诉、应诉？

4. 未成年人不具有诉讼行为能力？

5. 有诉讼权利能力的人一定是适格当事人？

6. 适格当事人一定具有诉讼权利能力？

7. 当事人能力与当事人适格均由法律明确加以规定？

8. 一般而言，诉讼标的的主体即是本案的正当当事人？

9. 消费者协会可以自己的名义对侵害众多消费者权益的企业提起公益诉讼？

10. 检察院就生效民事判决提起抗诉，抗诉的检察院是适格的当事人？

分析：

1. 错误。无、限制民事行为能力人仍然具有诉讼权利能力，能以自己名义起诉、应诉，但其无诉讼行为能力，不能亲自参与诉讼，需要法定代理人代为进行诉讼。

2. 正确。解析同 1。

3. 错误。企业法人诉讼权利能力终止的标志是注销。清算期间，法人尚未注销，其依然具有诉讼权利能力，应当以自己的名义起诉、应诉。

4. 错误。完全民事行为能力人具有诉讼行为能力。16 周岁以上未满 18 周岁的人，如果以其劳动收入为主要生活来源，为完全民事行为能力人，具有诉讼行为能力。

5. 错误。

6. 正确。

7. 错误。当事人能力由法律规定，当事人适格需要结合具体案件分析。

8. 正确。

9. 正确。

10. 错误。检察院并非当事人，提出抗诉是基于法律监督职权。

考点二 常考适格当事人

<table>
<tr><td colspan="2">个人合伙</td><td>以全体合伙人为共同诉讼人。</td></tr>
<tr><td colspan="2">个体工商户</td><td>1. 有字号的，告字号；没有字号的，告经营者。
2. 登记经营者与实际经营者不一致的，以登记的经营者和实际经营者为共同诉讼人。</td></tr>
<tr><td colspan="2">无、限制民事行为能力人侵权</td><td>无民事行为能力人、限制民事行为能力人本人和其监护人为共同被告。</td></tr>
<tr><td colspan="2">村民委员会、村民小组</td><td>村民委员会或者村民小组与他人发生民事纠纷的，村民委员会或者有独立财产的村民小组为当事人。</td></tr>
<tr><td rowspan="2">职务行为</td><td>原则</td><td>法人或者其他组织的工作人员的职务行为以法人或者其他组织为当事人，即不能以工作人员为当事人。</td></tr>
<tr><td>以行为人为当事人</td><td>1. 法人或者其他组织应该登记而未登记即以法人或者其他组织名义进行民事活动。
2. 冒充法人或者其他组织进行民事活动。
3. 法人或者其他组织依法终止后仍以其名义进行民事活动。</td></tr>
<tr><td colspan="2">法人解散</td><td>以“注销”为界，依法清算并注销前，以该企业法人为当事人。
未依法清算即被注销的，以该企业法人的股东、发起人或者出资人为当事人。</td></tr>
<tr><td colspan="2">挂靠</td><td>权利人主张挂靠方与被挂靠方承担责任的，以挂靠方和被挂靠方为共同诉讼人。</td></tr>
<tr><td colspan="2">劳务致人损害</td><td>提供劳务一方因劳务造成他人损害，受害人提起诉讼的，以接受劳务一方为被告。</td></tr>
</table>

续表

<table>
<tr><td>劳务派遣</td><td colspan="2">被派遣的工作人员因执行工作任务造成他人损害的，以接受派遣的用工单位为当事人。
当事人主张劳务派遣单位承担责任的，该劳务派遣单位为共同被告。
（即劳务派遣致人损害的案件，权利人可以选择以接受派遣的用工单位为被告，也可以选择以用工单位和派遣单位为共同被告，但不允许仅以派遣单位为被告。）</td></tr>
<tr><td rowspan="2">保证合同中的当事人</td><td>一般保证</td><td>1. 债权人仅起诉债务人（即被担保人），以债务人为被告。
2. 债权人仅起诉保证人，法院应当将债务人列为共同被告。
3. 债权人起诉债务人和保证人，债务人和保证人为共同被告，但法院在判决书中应当明确对债务人的财产依法强制执行后仍不能履行义务的，由保证人承担保证责任。
（注：以上 2、3 情形的处理是为了保障一般保证人的先诉抗辩权。）</td></tr>
<tr><td>连带保证</td><td>1. 债权人起诉债务人，以债务人为被告。
2. 债权人起诉保证人，以保证人为被告。
3. 债权人起诉债务人和保证人，将债务人和保证人列为共同被告。</td></tr>
<tr><td>死者近亲属的当事人地位</td><td colspan="2">对侵害死者遗体、遗骨以及姓名、肖像、名誉、荣誉、隐私等行为提起诉讼的，死者的近亲属为当事人。</td></tr>
</table>

深度拓展：结合民法规定判断适格当事人

同学们可以将以下拓展作为记忆规律掌握《民诉解释》所规定的适格当事人，同时如果考试考查《民诉解释》中没有明文规定的情形，同学们也可以结合民法的规定，根据以下拓展分析出结论。

根据当事人适格的判断原则——本案所争议的实体法律关系的主体为适格当事人，故在民法中规定的赔偿义务人即为适格被告，具体而言有如下三种情形：

一、民法规定由谁承担赔偿责任的，赔偿义务人就是适格被告。

1. 如民法中规定“用人单位的工作人员因执行工作任务造成他人损害的，由用人单位承担侵权责任”，故法人、其他组织的工作人员执行工作任务致人损害的，以法人或者其他组织为当事人；

2. 如民法中规定“个人之间形成劳务关系，提供劳务一方因劳务造成他人损害的，由接受劳务一方承担侵权责任”，故在诉讼中，提供劳务致人损害的，由接受劳务方为被告。

公式：民法规定“由 A 承担侵权责任”，即在诉讼中以 A 为适格被告。

二、民法规定连带责任的，则视权利人主张确定被告。

1. 如民法中规定“挂靠致人损害的，挂靠方与被挂靠方承担连带责任”；故在诉讼中视权利人的主张确定被告，权利人只主张挂靠方或者被挂靠方承担责任的，则将挂靠方或者被挂靠方列为被告；如果权利人主张挂靠方和被挂靠方共同承担责任的，将其列为共同被告。

2. 如民法中规定“连带保证合同中，保证人和债务人承担连带责任”；故在诉讼中视权利人的主张确定被告，权利人只主张债务人或者保证人承担责任的，则只将债务人或者保证人列为被告；如果权利人主张债务人和保证人共同承担责任的，则将其列为共同被告。

公式：民法中规定“A与B承担连带责任”，即在诉讼中视权利人主张确定被告，权利人主张A承担责任，A为被告；权利人主张B承担责任，B为被告；权利人主张A和B均承担责任，A和B为共同被告。

三、民法规定的补充责任，首先以直接责任人为被告，是否将补充责任人列为共同被告要视当事人主张而定。

民法规定的补充责任，即规定了权利人必须按照先后顺序行使赔偿请求权：权利人应当先向直接责任人主张权利，只有在直接责任人的赔偿不足以弥补损害时，才能请求补充责任人赔偿。[①] 故在诉讼中，首先应当以直接责任人为被告，如果权利人主张补充责任人承担责任的，则将其列为共同被告。显然，如果权利人只主张直接责任人承担责任，则以直接责任人为被告，无需追加补充责任人为共同被告；反之，如果权利人只主张补充责任人承担赔偿责任的，法院必须追加直接责任人为被告。

1. 如民法中规定：“无民事行为能力人或者限制民事行为能力人在幼儿园、学校或者其他教育机构学习、生活期间，受到幼儿园、学校或者其他教育机构以外的人员人身损害的，由侵权人承担侵权责任；幼儿园、学校或者其他教育机构未尽到管理职责的，承担相应的补充责任。”显然，侵权人是直接责任人，学校未尽到管理职责的承担补充责任，故在诉讼中应当以侵权人为被告，如果当事人主张学校承担责任的，将学校列为共同被告。

2. 如民法中规定：“宾馆、商场、银行、车站、娱乐场所等公共场所的管理人或者群众性活动的组织者，未尽到安全保障义务，造成他人损害的，应当承担侵权责任。因第三人的行为造成他人损害的，由第三人承担侵权责任；管理人或者组织者未尽到安全保障义务的，承担相应的补充责任。”显然，在商场、饭店等场所受到第三人侵权的，侵权人承担的是直接责任，安保义务人未尽到安全保障义务的承担补充责任，故应当以侵权人为被告，如果当事人主张安保义务人承担责任的，安保义务人为共同被告。

公式：民法规定“由A承担侵权责任，B有过错的（或者没有尽到管理职责等）承担补充责任（或者承担相应责任）”，即在诉讼中首先以A为被告，如果权利人主张B承担责任，B为共同被告。

① 参见沈德咏主编《〈最高人民法院民事诉讼法司法解释〉理解与适用（上）》，人民法院出版社2015年版，第237页。

设题陷阱

1. 甲公司诉乙公司要求乙公司支付货款，乙公司称已经将货款交付甲公司的员工张某，甲公司承认张某为其员工，但张某并未将货款交回甲公司。法院依据甲公司与乙公司的申请，通知张某参加诉讼，问张某应以何种身份参加诉讼？

2. 左宁的妻子高高注册个体工商户，后左宁与高高发生矛盾，高高一怒之下回东北老家，由左宁负责该个体工商户的经营。李佳在该个体工商户购买生发膏，左宁由于工作繁忙，误将脱毛膏当成生发膏发货，导致李佳本已稀少的头发所剩无几，李佳欲起诉赔偿，本案应以谁为被告？

3. 张三的儿子张小三（6 岁）把李四的儿子李小四（5 岁）打伤，关于本案侵权损害赔偿纠纷，如何列当事人？

4. 甲、乙、丙合伙经营奶茶店，登记字号为“联邦调茶局”，顾客张某发生食物中毒，欲起诉赔偿，以谁为被告？

5. 张三购买一辆大巴车，将该车挂靠在鸿达运输有限责任公司名下从事客运服务；张三聘请的司机李四驾车致使行人王五受伤，王五起诉赔偿，以谁为被告？

6. 张三由阳光劳务派遣公司派往雨露公司工作，在执行工作任务时致使路人李四受伤，李四起诉赔偿，如何列当事人？

7. 甲区的东方商场自行在乙区设立东方商场乙区分公司，并私刻印章。张三在分公司购买商品，因为质量问题，张三欲提起诉讼：

（1）本案应当以乙区分公司为被告？

（2）本案乙区法院作为被告住所地法院有管辖权？

8. 甲公司与乙公司签订买卖合同，约定发生纠纷由 A 区法院管辖。后来甲公司经营不善，进入破产清算程序，清算组织欲起诉乙公司要求履行合同：

（1）应当以清算组的名义提起诉讼？

（2）本案应当由 A 区法院管辖？

分析：

1. 张某作为甲公司的工作人员，因其职务行为引发纠纷应当以公司作为当事人，故张某不能以当事人身份参加诉讼，不能作为共同原告、被告，不能作为有独三、无独三参加诉讼。通知其参加诉讼仅仅是因为其对案件知情，故只能以证人身份参加诉讼。

2. 以左宁和高高为共同被告。个体工商户首先找字号，没有字号告经营者，本案登记经营者为高高，实际经营者为左宁，登记经营者与实际经营者不一致的列为共同被告。

3. 李小四为原告，李四为法定代理人代为诉讼；张三和张小三为共同被告。

4. 以甲、乙、丙为共同被告，注明“联邦调茶局”字号即可。个人合伙以全体合伙人为被告，不论是否有登记字号。

5. 王五可以起诉张三，亦可以起诉鸿达公司，亦可将张三和鸿达汽运公司作为共同被告。即王五主张张三和鸿达公司承担责任的，将二者列为共同被告。不能将李四列为被告，提供劳务致人损害的，以接受劳务方为被告，即提供劳务者不能作为被告。

6. 李四可以以雨露公司为被告，如果李四主张阳光公司也要承担责任的，将雨露公司和阳光公司列为共同被告。

7. （1）错误。法人依法设立并领取营业执照的分支机构具有诉讼权利能力。本案乙区分公司为自行设立、私刻印章，并非依法设立并领取营业执照，故乙区分公司没有诉讼权利能力，故不能以乙区分公司为被告。

（2）错误。乙区分公司不能作为本案被告。故乙区法院是作为合同履行地具有管辖权，而不是作为被告住所地而取得管辖权。

8. （1）错误。法人的诉讼权利能力始于成立，终于终止，终止的标志为注销。本案甲公司虽然进入清算，但并未注销，故甲公司仍有诉讼权利能力，应当以甲公司名义起诉，不能以清算组织名义起诉应诉。

（2）正确。本案甲、乙公司之间的管辖协议依然有效，故应当向A区法院起诉。

考点三　当事人变更

自然人死亡	自然人死亡的，由继承人继承其诉讼权利、义务，进行诉讼； 但该民事权利义务具有专属性的除外（如婚姻、收养、赡养、扶养、抚育关系）——直接导致诉讼终结。
法人、其他组织合并、分立	法人或者其他组织合并、分立的，由合并、分立后的法人或者其他组织承担诉讼权利义务，进行诉讼。
实体权利义务关系转移	在诉讼中，争议的民事权利义务转移的，由原当事人继续诉讼，法院作出的生效判决对受让人发生法律效力；（当事人恒定主义） 受让人申请以无独三身份参加诉讼的，人民法院可予准许； 受让人申请替代当事人诉讼地位参加诉讼的，法院根据案件审理情况决定是否准许；不予准许的，可以追加其为无独三。

设题陷阱

1. 张三起诉李四归还借款，诉讼中张三死亡，应当如何处理？

2. 张三起诉李四离婚，诉讼中张三死亡，应当如何处理？

3. 甲公司起诉乙公司履行合同，诉讼中甲公司与丙公司合并成立了丁公司，如何处理？

4. 张三起诉李四要求归还借款，诉讼中张三将该债权转让给了王五。请据此判断下列表述：

（1）由张三和李四继续诉讼，法院生效判决对王五发生法律效力？

（2）王五可以申请以无独三身份参加诉讼？

（3）王五申请替代张三作为原告参加诉讼的，法院根据案件审理情况决定是否准许，不予准许的，追加王五为无独三？

分析：

1. 诉讼中一方当事人死亡，需要等待继承人表明是否继续诉讼的，法院应当裁定诉讼中止。如果继承人张小三表示愿意继承的，则由张小三继续诉讼；如果没有继承人或者继承人放弃权利的，裁定诉讼终结。

2. 诉讼终结。身份关系不能继承，故一方当事人死亡直接裁定诉讼终结。

3. 由合并后的丁公司与乙公司继续进行诉讼。

4. （1）（2）（3）均正确。

考点四　共同诉讼

普通共同诉讼	概念	当事人一方或者双方为两人以上，诉讼标的同种类，法院认为可以合并审理，当事人也同意合并审理。
	特征	诉讼标的同种类；是数个可分之诉，只是为了实现诉讼经济而合并审理。
	构成要件	1. 两个以上同种类标的； 2. 由同一法院管辖并适用同一程序； 3. 符合合并审理的目的（诉讼经济）； 4. 法院认为可以合并审理，当事人也同意。
	普通共同诉讼人内部关系	各共同诉讼人之间行为独立，一人的行为对其他共同诉讼人没有效力。
必要共同诉讼	概念	指当事人一方或者双方为两人以上，诉讼标的同一，法院必须合并审理并且在裁判中对诉讼标的合一确定。
	特征	一方或者双方为两人以上；诉讼标的同一；法院必须合并审理，合一判决。
	必要共同诉讼人内部关系	一人诉讼行为经其他共同诉讼人承认，对其他共同诉讼人生效。
	常考必要共同诉讼的类型	1. 挂靠关系，权利人主张挂靠方和被挂靠方承担连带责任的； 2. 个体工商户营业执照上登记的经营人与实际经营人不一致的； 3. 个人合伙的全体合伙人； 4. 企业法人分立，因分立前行为发生的纠纷，分立后的企业法人为共同诉讼人； 5. 企业法人未依法清算即被注销的，以该企业法人的股东、发起人或者出资人为当事人； 6. 借用业务介绍信、合同专用章、盖章的空白合同或者银行账户的，出借单位和借用单位为共同诉讼人； 7. 在追索赡养费案件中，应当将所有赡养义务人作为共同被告；

续表

必要共同诉讼	常考必要共同诉讼的类型	8. 遗产继承诉讼中，部分继承人起诉的，法院应当通知其他继承人作为共同原告参加诉讼；被通知的继承人不愿意参加诉讼，又不明确表示放弃实体权利的，法院仍应将其列为共同原告； 9. 无民事行为能力人、限制民事行为能力人造成他人损害的，无民事行为能力人、限制民事行为能力人和其监护人为共同被告； 10. 在劳务派遣期间，被派遣的工作人员因执行工作任务造成他人损害的，以接受劳务派遣的用工单位为当事人。当事人主张劳务派遣单位承担责任的，该劳务派遣单位为共同被告； 11. 连带保证合同； 12. 共同侵权、共同危险等需要承担连带责任的。

背诵要点

1. 普通共同诉讼的核心是有多个诉讼标的，所以其本质上是若干独立可分之诉，只是基于诉讼效率，法院认为可以合并审理，并征得当事人同意后将其合并审理。

2. 普通共同诉讼有若干诉讼标的，将其合并审理为诉的客体的合并。

3. 既然普通共同诉讼是若干独立的可分之诉，故各共同诉讼人之间相互独立。

4. 必要共同诉讼的核心是一个诉讼标的，其本质上是一个诉，所以法院必须合并审理，合一判决。

5. 必要共同诉讼是基于一个诉讼标的，将若干当事人合并在一个案件中，属于诉的主体的合并。

6. 必要共同诉讼人内部关系为一人诉讼行为经其他共同诉讼人承认，对其他共同诉讼人生效。

设题陷阱

1. 必要共同诉讼的诉讼标的是共同的，普通共同诉讼的诉讼标的是同种类的？

2. 必要共同诉讼的诉讼标的只有一个，普通共同诉讼的诉讼标的有若干个？

3. 必要共同诉讼的诉讼请求只有一个，普通共同诉讼的诉讼请求有若干个？

4. 必要共同诉讼中共同诉讼人的诉讼行为必须一致，普通共同诉讼中共同诉讼人的诉讼行为不需要一致？

5. 共同诉讼人之间的关系是一人行为经其他共同诉讼人同意，对其他共同诉讼人发生法律效力？

6. 必要共同诉讼是诉的客体的合并？

分析：

1. 正确。

2. 正确。

3. 错误。必要共同诉讼的诉讼标的只有一个，但基于一个诉讼标的，当事人可以提出若干诉讼请求。

4. 错误。

5. 错误。必要共同诉讼是如此，但普通共同诉讼中共同诉讼人之间相互独立。看见共同诉讼需要区分普通共同诉讼和必要共同诉讼。

6. 错误。必要共同诉讼是诉的主体的合并，其只存在一个诉讼标的（客体），何来合并一说。

考点五　代表人诉讼

<table>
<tr><td>概念</td><td colspan="3">当事人一方或者双方人数众多（10 人以上）的情况下，由人数众多一方或者双方推举出代表（2~5 人），代表本方当事人进行诉讼活动。</td></tr>
<tr><td>权限</td><td colspan="3">1. 代表人的诉讼行为对其所代表的当事人发生效力。
2. 代表人放弃、变更、承认诉讼请求，进行和解必须经被代表的当事人同意。</td></tr>
<tr><td rowspan="9">分类</td><td rowspan="4">人数确定的代表人诉讼</td><td>起诉时人数</td><td>确定。</td></tr>
<tr><td>共同诉讼形式</td><td>可以是必要共同诉讼，也可以是普通共同诉讼。</td></tr>
<tr><td>代表人确定方式</td><td>全体推选共同代表人或部分当事人推选自己的代表人。</td></tr>
<tr><td>选不出代表人的</td><td>1. 必要共同诉讼自己参加诉讼。
2. 普通共同诉讼另行起诉。</td></tr>
<tr><td rowspan="5">人数不确定的代表人诉讼</td><td>起诉时人数</td><td>不确定。</td></tr>
<tr><td>共同诉讼形式</td><td>只能是普通共同诉讼。</td></tr>
<tr><td>代表人确定方式</td><td>1. 推选代表人。
2. 法院提出人选与当事人协商。
3. 法院在起诉的当事人中指定。</td></tr>
<tr><td>选不出代表人的</td><td>另行起诉。</td></tr>
<tr><td>判决效力</td><td>法院作出的判决、裁定对参加登记的全体权利人发生效力；未登记的权利人在诉讼时效期间提起诉讼的，法院裁定适用该判决、裁定。
（说明代表人诉讼的判决对未参加登记而在法定时效期间以相同事实和理由提起诉讼的其他权利人有拓展性效力。）</td></tr>
</table>

背诵要点

1. 人数确定的代表人诉讼中，选不出代表人的当事人应当分情形讨论：是必要共同诉讼的自己参加诉讼，是普通共同诉讼的另行起诉。

2. 人数不确定的代表人诉讼一定是普通共同诉讼，选不出代表人的当事人应当另行起诉。

3. 人数不确定的代表人诉讼中，法院生效判决不仅对参加登记的当事人发生法律效力，而且对未参加登记而在诉讼时效期间另行起诉的权利人有预决效力。

设题陷阱

1. 在一方或者双方当事人人数众多时，由人数众多一方当事人推举1~5名代表人代表本方当事人参加诉讼？

2. 代表人可以委托诉讼代理人参加诉讼，无需经过被代表的当事人同意？

3. 代表人承认、放弃、变更诉讼请求，与对方达成和解协议需要经过被代表的当事人过半数以上同意？

4. 人数确定的代表人诉讼可能是普通共同诉讼，也可能是必要共同诉讼；人数不确定的代表人诉讼只能是普通共同诉讼？

5. 人数确定的代表人诉讼选不出代表人的应当自己参加诉讼？

6. 人数不确定的代表人诉讼判决仅对参加登记的权利人发生法律效力？

分析：

1. 错误。民事诉讼中代表人人数为2~5人。

2. 正确。委托代理人是程序行为，无须被代表的当事人同意。

3. 错误。经过全体被代表的当事人同意。

4. 正确。

5. 错误。分情形讨论：如果是必要共同诉讼，应当自己参加诉讼；如果是普通共同诉讼，则需要另行起诉。

6. 错误。判决对没参加登记而在诉讼时效期间另行起诉的权利人有预判效力。

考点六　第　三　人

有独立请求权第三人	概念	对本诉当事人争议的诉讼标的有独立的请求权而参加诉讼的人。
	参诉理由	认为原、被告的权利主张侵犯了自己的权利，因此将其一并作为被告，提起独立的诉讼。
	诉讼地位	相当于原告（不能提管辖权异议）
	参诉方式	提起诉讼（法院不得主动追加）
	参诉时间	1. 一审法庭辩论终结前。 2. 一审中未参加诉讼的第三人，申请参加二审程序的，法院可以准许。 3. 二审法院可以予以调解；调解不成的，发回重审。

续表

<table>
<tr><td rowspan="6">无独立请求权第三人</td><td>概念</td><td colspan="2">对原被告争议的诉讼标的没有独立的请求权，但与案件处理结果有法律上的利害关系而参加诉讼的人。</td></tr>
<tr><td>参诉理由</td><td colspan="2">与案件处理结果有法律上的利害关系。</td></tr>
<tr><td>参诉方式</td><td colspan="2">申请参加或者由法院依职权追加。</td></tr>
<tr><td rowspan="2">诉讼权利</td><td>无权</td><td>提管辖权异议，放弃、变更诉讼请求或者撤诉。</td></tr>
<tr><td>附条件享有的权利</td><td>1. 判决承担责任的无独立请求权第三人有权提起上诉。
2. 调解需要确定无独立请求权第三人承担义务的，需要经过无独立请求权第三人同意，调解书应当送达无独立请求权第三人，无独立请求权第三人签收前反悔的，调解书不生效，法院应当及时判决。</td></tr>
<tr></tr>
<tr><td rowspan="6">撤销之诉第三人</td><td>起诉条件</td><td colspan="2">（有独三、无独三）因不能归责于本人的事由未参加诉讼，但有证据证明发生法律效力的判决、裁定、调解书的部分或者全部内容错误，损害其民事权益的。</td></tr>
<tr><td>起诉时间</td><td colspan="2">自知道或者应当知道其民事权益受到损害之日起6个月内。</td></tr>
<tr><td>管辖法院</td><td colspan="2">作出该生效判决、裁定、调解书的法院。</td></tr>
<tr><td>审理程序</td><td colspan="2">组成合议庭，适用一审普通程序审理。</td></tr>
<tr><td>审理结果</td><td colspan="2">1. 诉讼请求成立的，应当改变或者撤销原判决、裁定、调解书。
2. 诉讼请求不成立的，驳回诉讼请求。</td></tr>
<tr><td>救济</td><td colspan="2">上诉。</td></tr>
</table>

背诵要点

1. 有独三作为有独三之诉的原告，只能以自己起诉的方式参加诉讼，不能由法院依职权通知追加。

2. 以有独三为原告，本诉原告、被告为被告构成一个独立的诉（有独三之诉）。有独三之诉和本诉相互独立，不会因为本诉的撤销而撤销。

3. 有独三在二审中参加诉讼，二审法院调解不成的，撤销原判，发回重审。

4. 无独三可以申请参加诉讼，也可以由法院依职权追加其参加诉讼。

5. 无独三不能提出管辖权异议，不能放弃、变更诉讼请求，不能撤诉。是否有权上诉和签收调解书需要看其是否承担义务。

注意：

（1）无独三不能放弃、变更诉讼请求，不能撤诉，但可以承认原告的诉讼请求。

（2）不承担责任的无独三不能上诉，即不能成为上诉人，但不妨碍其成为被上诉人。

6. 第三人（有独三、无独三）因不能归责于本人的事由未参加诉讼，但有证据证明发生法律效力的判决、裁定、调解书的部分或者全部内容错误，损害其民事权益的，可以自知道或者应当知道其民事权益受到损害之日起6个月内向作出生效判决、裁定、调解书的法院提起第三人撤销之诉。

（1）第三人撤销之诉是以第三人为原告，原审原告、被告为共同被告提起的一个新的诉，其诉讼请求是撤销、改变原裁判，即撤销、改变原生效裁判确立的权利义务关系，为形成之诉（变更之诉）。

（2）第三人撤销之诉由作出原生效裁判的法院管辖。

（3）法院应当适用一审普通程序审理（不得适用简易程序），所作判决为一审判决，当事人可以上诉。

设题陷阱

1. 如有独三没有起诉，法院可以依职权主动追加其参加诉讼？

2. 有独三只能以起诉的方式参加诉讼，无独三可以申请或经法院通知的方式参加诉讼？

3. 有独三起诉后认为受案法院无管辖权，可以提出管辖权异议？

4. 如有独三起诉后经法院传票传唤，无正当理由拒不到庭，应当视为撤诉？

5. 如有独三起诉后，本诉原、被告达成协议而撤诉，法院应当驳回有独三的起诉？

6. 无独三在诉讼中有自己独立的诉讼地位？

7. 无独三不能提出管辖权异议，不能承认、放弃、变更诉讼请求？

8. 一审没有判决无独三承担民事责任的，无独三不可以作为上诉人或被上诉人？

9. 无独三有权申请参加诉讼和参加案件的调解活动，与案件原、被告达成调解协议？

10. 有独三具有当事人的诉讼地位，无独三不具有当事人的诉讼地位？

11. 有独三有上诉权，而无独三无上诉权？

分析：

1. 错误。有独三只能以起诉的方式参加诉讼，法院不能追加有独三参加诉讼。

2. 正确。

3. 错误。第三人（包括有独三和无独三）均不能提出管辖权异议。

4. 正确。有独三作为有独三之诉的原告，不到庭按撤诉处理。

5. 错误。本诉原告撤回本诉，有独三之诉继续进行，以有独三为原告，本诉原、被告为共同被告。

6. 正确。

7. 错误。无独三不能放弃、变更诉讼请求，不能撤诉，但可以承认原告的诉讼请求。

8. 错误。一审判决不承担责任的无独三不能上诉，不能作为上诉人，但可以作为被上诉人。

9. 正确。

10. 错误。有独三和无独三均具有独立的诉讼地位，均为案件当事人。

11. 错误。有独三有权上诉，无独三能否上诉要分情形讨论：承担义务的无独三有权上诉，不承担义务的无独三无权上诉。

技术流：有独三 VS. 共同原告；无独三 VS. 共同被告

在考试中经常有考生面临有独三与共同原告，以及无独三与共同被告之间无法区别的问题，请分析以下案例：

例 1：（2007 年卷三第 37 题）甲有两子乙和丙，甲死亡后留有住房 3 间。乙乘丙长期外出之机，将 3 间房屋卖给丁，后因支付房款发生纠纷，乙将丁诉至法院。在诉讼过程中，丙知道了这一情况，要求参加诉讼。关于丙在诉讼中的地位，下列哪一选项是正确的？①

A. 必要的共同原告　　B. 普通的共同原告

C. 有独立请求权的第三人　　D. 无独立请求权的第三人

例 2：（2015 年卷三第 38 题）赵某与刘某将共有商铺出租给陈某。刘某瞒着赵某，与陈某签订房屋买卖合同，将商铺转让给陈某，后因该合同履行发生纠纷，刘某将陈某诉至法院。赵某得知后，坚决不同意刘某将商铺让与陈某。关于本案相关人的诉讼地位，下列哪一说法是正确的？②

A. 法院应依职权追加赵某为共同原告

B. 赵某应以刘某侵权起诉，陈某为无独立请求权第三人

C. 赵某应作为无独立请求权第三人

D. 赵某应作为有独立请求权第三人

例 3：张某、李某共有一辆汽车，现在王某将该汽车损害，张某起诉王某要求赔偿，诉讼中，李某参加诉讼，请问李某的诉讼地位如何？③

例 4：张三有三子，张甲、张乙、张丙，张三死亡后留有房屋三间，张甲、张乙因为房屋继承纠纷诉至法院，张丙闻讯赶回，要求参加诉讼，继承父亲遗产，请问张丙的诉讼地位如何？④

例 5：张三有三子，张甲、张乙、张丙，张三死亡后留有房屋三间，张甲、张乙因为房屋继承纠纷诉至法院，张丙闻讯赶回，提出父亲生前立下的遗嘱，该遗嘱称房屋由张丙继承。请问张丙的诉讼地位如何？⑤

例 6：张三在红星商场购买一台腾达公司生产的电磁炉，在使用过程中发生爆炸，欲提起诉讼。

（1）张三起诉红星商场承担侵权责任，申请法院追加腾达公司参加诉讼，请问腾达公司的诉讼地位如何？⑥

---

① 答案：C。

② 答案：D。

③ 李某是共同原告。

④ 张丙是共同原告。

⑤ 张丙是有独三。

⑥ 腾达公司是共同被告。

（2）张三起诉红星商场承担违约责任，申请法院追加腾达公司参加诉讼，请问腾达公司的诉讼地位如何？①

一招制敌

区分有独三、（必要）共同原告、无独三、（必要）共同被告“两步走”：

第一步：找出案件的原告与被告，以及他们之间的法律关系（即本案的诉讼标的）。

第二步：判断待判断主体是否本案争议的实体法律关系一方当事人

（1）如果该主体是本案所争议的实体法律关系的一方当事人，则该主体要么是共同原告，要么是共同被告，而共同原告与共同被告的区分是没有难度的；

（2）如果该主体不是本案所争议的实体法律关系的一方当事人，则该主体要么是有独三，要么是无独三，而有独三和无独三的区分是没有难度的。

据此分析上述题目：

例1：根据步骤一，本案原告是乙，被告是丁，原被告之间的法律关系为房屋买卖合同关系。根据步骤二，丙并不是该买卖合同关系一方当事人，故要么是有独三，要么是无独三。显然，其基于房屋继承法律关系主张权利，是有独三。

例2：根据步骤一，本案原告是刘某，被告是陈某，原被告之间的法律关系为商铺买卖合同关系。根据步骤二，赵某并不是该买卖合同一方当事人，故要么是有独三，要么是无独三。显然，其基于对商铺的共有法律关系主张权利，是有独三。

例3：根据步骤一，本案原告是张某，被告是王某，原被告之间的法律关系是侵权法律关系。根据步骤二，李某作为汽车共有人，王某损坏汽车当然构成对李某的侵权，李某是该侵权法律关系的一方当事人，故其要么是共同原告，要么是共同被告。显然，其作为受害人主张权利，应当是共同原告。

例4：根据步骤一，本案原告是张甲，被告是张乙，原被告之间的法律关系是法定继承关系。根据步骤二，张丙同样是基于法定继承关系主张权利，其是法定继承关系的一方当事人，故要么是共同原告，要么是共同被告。显然，其是来主张继承权的，是共同原告。此处的推导结论与“遗产继承纠纷中，部分继承人起诉的，法院应当通知其他继承人作为共同原告”之司法解释的规定相符。

例5：根据步骤一，本案原告是张甲，被告是张乙，原被告之间的法律关系是法定继承关系。根据步骤二，张丙是基于遗嘱继承关系主张权利，并未基于法定继承关系主张权利，故张丙并不是本案争议的法定继承法律关系的一方当事人，故要么是有独三，要么是无独三。显然，其是基于遗嘱继承关系主张权利，是有独三。

① 腾达公司是无独三。

例6：(1) 根据步骤一，本案原告是张三，被告是红星商场，原被告之间的法律关系是侵权法律关系。根据步骤二，腾达公司生产侵权产品，对原告张三存在侵权行为，故为该侵权法律关系的一方当事人，与原告存在侵权法律关系，故要么是共同原告，要么是共同被告。显然，其作为侵权方，应当是共同被告。

(2) 根据步骤一，本案原告是张三，被告是红星商场，原被告之间的法律关系是买卖合同关系。根据步骤二，腾达公司并不是该买卖合同关系的一方当事人，故要么是有独三，要么是无独三。显然，其在诉讼中没有权利主张，是无独三。

专题七 PROJECT SEVEN 诉讼代理人

考点一　法定代理人

<table>
<tr><td>概念</td><td colspan="2">根据法律规定，代理无诉讼行为能力人进行诉讼活动的人。</td></tr>
<tr><td rowspan="3">特征</td><td>被代理人</td><td>无诉讼行为能力人。</td></tr>
<tr><td>代理权来源</td><td>法律规定，无需当事人委托授权。</td></tr>
<tr><td>代理权限</td><td>全权代理，按照自己意志代理被代理人实施所有的诉讼行为。</td></tr>
<tr><td>与当事人区别</td><td colspan="2">1. 诉讼地位不同，法定代理人只能以当事人的名义起诉、应诉。
2. 诉讼中，法定代理人死亡，另行指定监护人作为法定代理人继续诉讼，当事人死亡则可能导致当事人变更甚至诉讼终结的后果。
3. 裁判针对的是当事人，而不是法定代理人。</td></tr>
</table>

背诵要点

1. 法定代理人的被代理人是无诉讼行为能力人，其代理权来源于法律的规定，无需当事人授权，其代理权限为全权代理，可以按照自己意志代理被代理人实施所有诉讼行为。

2. 法定代理人在诉讼中所为的诉讼行为与当事人所为的诉讼行为效力相同；但是诉讼中法定代理人发生的事件效果与当事人发生的事件效果不同，如死亡。

3. 法定代理人代理当事人进行诉讼活动，仍应当以当事人的名义起诉、应诉，故法定代理人与当事人的诉讼地位不同。

设题陷阱

1. 法定代理人的被代理人都是无诉讼行为能力人?

2. 法定代理人代理权的取得不是根据其所代理的当事人的委托授权?

3. 法定代理人与当事人在诉讼上具有相同的诉讼地位?

4. 法定代理人在诉讼中可以按照自己的意志代理被代理人实施所有的诉讼行为?

5. 法定代理人在诉讼中所实施的行为与当事人所为的行为产生相同的法律效果?

6. 法定代理人发生的诉讼事件的法律后果与当事人发生的诉讼事件的法律后果相同?

7. 法定代理人所代理的当事人在诉讼中取得行为能力的，法定诉讼代理人则自动转化为委托代理人？

8. 法院可以为下落不明的人指定代理人参加调解？

分析：

1. 正确。

2. 正确。法定代理人的代理权限来源于法律规定。

3. 错误。

4. 正确。

5. 正确。法定代理是一种全权代理，法定代理人所为的行为与当事人所为的行为效果相同。

6. 错误。在诉讼中法定代理人与当事人发生的事件效果不同，如死亡。

7. 错误。委托代理人一定是基于当事人的委托授权而产生的，没有自动转为委托代理人一说。

8. 错误。代理人只有法定代理人和委托代理人，何来指定代理人一说。

考点二　委托代理人

特征	代理权产生的依据为当事人的授权；代理权限范围由被代理人授权。
可以担任委托代理人的范围	1. 积极： （1）律师、基层法律服务工作者； （2）当事人近亲属或者工作人员； （3）当事人所在社区、单位以及有关社会团体推荐的人。 2. 消极：无民事行为能力人、限制民事行为能力人以及其他依法不能作为诉讼代理人的，当事人不得委托其作为诉讼代理人。
代理权限	1. 一般授权：可以行使程序性诉讼权利，不能代为承认、放弃、变更诉讼请求，进行和解，提起反诉或者上诉（涉及当事人实体权利的事项）。 2. 特别授权：可以行使程序性诉讼权利，可以代为承认、放弃、变更诉讼请求，进行和解，提起反诉或者上诉。
	背诵要点： 1. 委托授权书中仅有“全权代理”等表述，无具体授权的，视为一般授权。 2. 委托代理人的自认视为当事人的自认，但有两个例外：一是当事人在委托授权书中明确排除的；二是当事人在场明确表示否定的。
法律后果	1. 在法律规定范围内，代理人的诉讼行为对被代理人发生法律效力。 2. 有了代理人后，本人可以不亲自出庭，但离婚诉讼除外。离婚诉讼中，当事人除不能正确表达意思外，都应出庭，确有困难无法出庭的，应出具书面意见。

设题陷阱

张三与美国人珍妮结婚后住在北京市海淀区，后来因为感情不和，起诉至海淀区人民法院离婚，张三委托了黄律师担任代理人，委托授权书载明的授权范围为“全权代理”，珍妮委托了自己的哥哥琼斯（美国人）担任代理人。

1. 珍妮不能委托琼斯担任代理人？
2. 张三委托了代理人参加诉讼，张三可以不再出庭？
3. 黄律师代为签收诉讼文书的行为有效？
4. 黄律师可以代为与珍妮和解？
5. 黄律师可以代为承认珍妮的诉讼请求？

分析：

1. 错误。委托中国律师代理诉讼原则仅仅禁止外国律师以律师身份担任代理人，并不禁止外国人担任代理人，也不禁止外国律师以非律师身份担任代理人。

2. 错误。离婚诉讼中，有了代理人本人仍然应当出庭，除非不能正确表达；确有困难无法出庭的，应当向法庭提供书面意见；

3. 正确。代为签收文书为一般诉讼行为，无需特别授权；

4. 错误。黄律师为一般授权，不能代为承认、放弃、变更诉讼请求，和解、调解、上诉、反诉等。

5. 错误。分析同4。

PROJECT EIGHT 专题八 证　据

考点一　证据的理论分类

<table>
<tr><td rowspan="2">能否单独、直接证明待证事实</td><td>直接证据</td><td>能够单独、直接证明待证事实的证据。</td></tr>
<tr><td>间接证据</td><td>不能直接或单独证明待证事实，需要与其他证据相结合。</td></tr>
<tr><td rowspan="2">是否直接来源于案件事实</td><td>原始证据</td><td>直接来源于案件事实的证据。</td></tr>
<tr><td>传来证据</td><td>又称为派生证据，指不直接来源于案件事实，而是通过传抄、转述、复制后所获得的证据。</td></tr>
<tr><td rowspan="2">与证明责任承担的关系</td><td>本证</td><td>提出该证据的当事人对该待证事实承担举证责任。</td></tr>
<tr><td>反证</td><td>提出该证据的当事人对该待证事实不承担举证责任。</td></tr>
</table>

背诵要点

1. 区分直接证据和间接证据的唯一标准是证据内容的完整性。在内容上能完整证明待证事实的证据是直接证据，在内容上只能证明待证事实的部分、片段的证据是间接证据。直接证据、间接证据与证据的来源、证明力大小无关。

2. 本证、反证的区别步骤如下：

（1）该证据的待证事实是什么？

（2）该待证事实应当由谁承担证明责任？

（3）该证据是谁提供的？如果承担证明责任的人提供的是本证，则不承担证明责任的人提供的是反证。

设题陷阱

1. 借条的复印件是传来证据？
2. 无法与原件核对的借条的复印件是间接证据？
3. 与当事人有利害关系的证人出具的证言是间接证据？
4. 证人转述他人所见的案件事实都属于间接证据？
5. 直接证据有可能是传来证据？
6. 一个客观与合法的间接证据可以单独作为认定案件事实的依据？
7. 原告提出的是本证，被告提出的是反证？
8. 债权人主张借款事实存在而提供的借条是本证？
9. 债务人主张借款已经归还而提供的收条是反证？
10. 张三起诉李四，主张李四开车将自己撞伤，要求李四赔偿，李四向法庭出示了车载行车记录仪，显示的内容是张三倒地的位置距李四停车的位置相距 2 米左右，该行车记录仪是本证还是反证？

11. 张三起诉李四，主张李四开车将自己撞伤，要求李四赔偿，李四向法庭出示了车载行车记录仪，显示的内容是张三在远处故意冲向李四的车，导致自己受伤，该行车记录仪是本证还是反证？

分析：

1. 正确。

2. 错误。直接、间接证据与证据来源、证明力等无关。借条在内容上能够完整证明借款事实，为直接证据。

3. 错误。直接、间接证据只看证据内容的完整性，与其来源、证明力等无关。题目未告知证言的内容，故可能很完整，为直接证据；也可能不完整，为间接证据，故表述错误。有利害关系只是说明证明力小，与直接、间接证据的判断无关。

4. 错误。直接、间接证据只看证据内容的完整性，与其来源、证明力等无关。题目未告知证言的内容，故证言可能很完整，为直接证据；也可能不完整，为间接证据，表述错误。转述只是说明来源，与直接、间接证据的判断无关。

5. 正确。分类标准不同，自然存在交叉、重合。

6. 错误。间接证据在内容上只能证明待证事实的一个部分、一个片段，自然不能单独作为认定案件事实的依据，需要别的证据在内容上对其进行补充。

7. 错误。

8. 正确。

9. 错误。收条所对应的待证事实是借款已经归还，借款是否已经归还应当由主张已经归还的债务人承担证明责任，收条是承担证明责任的债务人提供的，是本证。

10. 反证。行车记录仪记载的影像资料的待证事实是李四没有撞到张三，即侵权事实不成立。对于侵权事实是否成立这一待证事实应当由主张侵权事实成立的张三承担证明责任，现该证据由不承担证明责任的李四提供，为反证。

11. 本证。行车记录仪记载的影像资料的所对应的待证事实是受害人张三有故意，受害人有故意属于免责事由。对于免责事由这一待证事实应当由主张存在免责事由的被告李四承担证明责任，现该证据由承担证明责任的被告李四提供，为本证。

考点二　书证、物证、视听资料、电子数据

物证	物证是以物品的外在形态（形状、大小、痕迹、损坏状态）证明案件事实的证据。

续表

<table>
<tr><td rowspan="2">书证</td><td>以所记载的内容或表达的思想证明案件事实的证据。</td></tr>
<tr><td>关于书证的三个证据规则（注意：关于书证的规则同样适用于视听资料、电子数据（2019《证据规定》））：
1. 最佳证据规则：书证应当提交原件。提交原件确有困难的，可以提交复印件、复制品等。
2. 公文书证内容推定为真实：公权力机关、组织在职权范围内制作的文书所记载的事项推定为真实，但有相反证据足以推翻的除外。
3. 文书提出命令：书证在对方当事人控制之下，负证明责任的当事人可以申请法院责令对方提交，申请费用由申请人负担。（2019《证据规定》）
（1）持有书证的当事人无正当理由拒不提交的，法院可以认定申请人所主张的书证内容为真实；
（2）持有书证的当事人以妨碍对方使用为目的对书证进行毁损的，法院可以认定申请人主张以书证证明的事实为真实，同时可以追究其妨碍诉讼的责任。</td></tr>
<tr><td>视听资料</td><td>以录音、录像等技术手段反映的声音、图像证明案件事实的材料，包括录音资料和影像资料。（如照片、录像带、录音带等）</td></tr>
<tr><td>电子数据</td><td>通过电子邮件、电子数据交换、网上聊天记录、博客、微博客、手机短信、电子签名、域名等形成或者存储在电子介质中的信息。
存储在电子介质中的录音资料和影像资料，适用电子数据的规定。（如数码相机、摄像机、U 盘等中储存的照片、录像等）</td></tr>
</table>

背诵要点

1. 电子数据和视听资料的区别在于：视听资料的储存、传输过程离不开录音带、录像带、磁带、胶片等实物载体；而电子数据依赖现代电子计算机技术，如电脑硬盘、U 盘、手机储存卡等电子介质中储存的数据、声音、图像等，可以实现精确复制，可以离开实物载体在虚拟空间内高速传播，并可以轻松地实现剪辑、修改。

2. 电子数据的制作者制作的与原件一致的副本，或者直接来源于电子数据的打印件，或其他可以显示、识别的输出介质，视为电子数据的原件。（2019《证据规定》）

设题陷阱

张三起诉李四要求李四归还借款 10 万元，为了证明借款事实，张三向法院提供了一张借条复印件，复印件上载“借条原件由李四负责保管”，且有李四亲笔签名。张三申请法院责令李四提交借条原件。

1. 李四拒不提交借条原件，法院应当直接认定借条复印件的内容为真实？

2. 李四拒不提交借条原件，证人王五证实李四在张三起诉后将借条焚毁，李四在庭审中亦承认焚毁借条，法院可以直接认定张三主张的借款事实为真实，且对李四进行罚款、拘留？

分析：

1. 正确。经责令，持有书证的李四拒不提交书证，法院可以直接认定申请人主张的书证内容为真实，亦即认定借条复印件记载内容为真实。

2. 正确。李四以妨碍对方使用为目的对借条进行毁损，法院可以认定申请人主张以该书证证明的事实为真实，即认定申请人主张的借款事实为真实，且可以追究其妨碍诉讼的责任。

考点三　证人证言

<table>
<tr><td colspan="2">证人资格</td><td colspan="2">凡知道案件情况的单位和个人都有证人资格。
不能正确表达意思的人不能作为证人。</td></tr>
<tr><td rowspan="5">证人出庭</td><td>申请证人出庭</td><td colspan="2">由当事人在举证期限届满前申请或者该证言属于法院依职权调查收集的证据的也可以由法院依职权通知。
未经法院通知，证人不得出庭作证，但双方当事人同意并经法院准许的除外。</td></tr>
<tr><td>证人应当出庭作证</td><td colspan="2">法院应当要求证人出庭作证，接受审判人员和当事人询问；
证人在审理案件前的准备阶段或者法院调查、询问等双方当事人在场时陈述证言的，视为出庭作证；
无正当理由未出庭作证的证人以书面形式提供的证言，不得作为定案根据。（2019《证据规定》）</td></tr>
<tr><td>可以不出庭的情形</td><td colspan="2">（一）法定原因。下列情形，经法院许可，可以提交书面证言、视听资料或者通过双向视听传输技术作证：
1. 因健康原因不能出庭的；
2. 路途遥远，交通不便不能出庭的；
3. 因自然灾害等不可抗力不能出庭的；
4. 其他正当理由。
（二）双方当事人同意证人以其他方式作证，并经法院准许的，证人可以不出庭作证</td></tr>
<tr><td rowspan="2">费用补助</td><td>补助范围</td><td>交通、住宿、就餐等必要费用以及误工损失。</td></tr>
<tr><td>承担</td><td>败诉方当事人承担。</td></tr>
<tr><td colspan="2">签署并宣读保证书</td><td colspan="2">法院应当要求证人签署保证书，并当庭宣读。但无、限制民事行为能力人除外。证人拒绝签署或宣读保证书的，不得作证，并自行承担费用。</td></tr>
</table>

背诵要点

1. 待证事实与其年龄、智力或者精神健康状况相适应的无、限制民事行为能力人可以作为证人。

2. 与当事人有利害关系的人可以做证人（即证人不适用回避制度）；只是其证言证明力较小，不能单独作为定案根据，需要其他证据对其证明力进行补强。

3. 证人应当出庭作证，证人在审理案件前的准备阶段或者在法院调查、询问等双方当事人在场时陈述证言的，视为出庭作证。

无正当理由未出庭的证言以书面形式提供的证言不得作为定案根据。但下列情形证人可以不出庭：

（1）双方当事人同意证人不出庭，并经法院准许的，证人可以不出庭作证；

（2）法定情形（健康原因、交通不便、不可抗力、其他正当理由）。

总结与归纳　庭前准备阶段的效力

1. 证人应当出庭，证人在审理案件前的准备阶段或者法院调查、询问等双方当事人在场时陈述证言的，视为出庭作证；

2. 当事人在审理前的准备阶段或者法院调查、询问过程中发表过质证意见的证据，视为质证过的证据。

设题陷阱

1. 未成年人和精神病人均不具有证人资格？

2. 无诉讼行为能力的人在一定情况下可以作为证人？

3. 与当事人有利害关系的证人出具的证言不具有证明力？

4. 证人出庭作证应当由当事人在举证期限届满前申请，如法院认为该证言属于法院依职权调查收集的证据的范围，也可以由法院依职权通知？

5. 在法庭上宣读未到庭的证人的书面证言，该书面证言能够代替证人出庭作证？

6. 证人因出庭作证而支出的合理费用，由提供证人的一方当事人承担？

7. 证人出庭作证，所在单位不得克扣其工资、奖金和其他福利待遇？

8. 法院通知证人张三（40 岁）与张小三（11 岁）出庭作证，二人均拒绝签署如实作证保证书，后果如何？

分析：

1. 错误。待证事实与其年龄、智力或者精神健康状况相适应的无、限制民事行为能力人可以作为证人。

2. 正确。理由同上。

3. 错误。证人不需要回避，与当事人有利害关系的人可以作为证人，只是其证明力较小，不能单独作为认定案件事实的依据（需要其他证据对其证明力进行补强）。

4. 正确。

5. 错误。无正当理由未出庭的证人提供的书面证言不得作为定案根据。

6. 错误。由败诉方当事人承担。

7. 错误。这是刑诉的规定。

8. 张三不得作证，且自行承担相关费用；张小三可以继续作证，作为无、限制民事行为能力人，无需签署保证书。

考点四 鉴 定

<table>
<tr><td>鉴定的启动</td><td colspan="2">当事人申请或者符合法院依职权调查收集证据条件的，法院可以依职权决定。</td></tr>
<tr><td>申请鉴定的时间</td><td colspan="2">举证期限内。</td></tr>
<tr><td>鉴定前的准备</td><td colspan="2">1. 签署承诺书：鉴定开始之前，法院应当要求鉴定人签署承诺书；
2. 对鉴定材料的质证：法院应当组织当事人对鉴定材料进行质证，未经质证的材料不得作为鉴定根据。（2019《证据规定》）</td></tr>
<tr><td>鉴定意见</td><td colspan="2">1. 按时完成鉴定：鉴定人应当在法院确定的期限内完成鉴定，并提交鉴定书。鉴定人无正当理由未按期提交鉴定书的，当事人可以申请法院另行委托鉴定人鉴定，法院准许的，原鉴定人应当退还已经收取的鉴定费用；
2. 鉴定意见书应当由鉴定人签名、盖章，并附有鉴定人相应资格证明；委托机构进行鉴定的，鉴定书应当由鉴定机构盖章，并由从事鉴定的人签名。
3. 多名鉴定人有不同意见的，应当在鉴定意见书中注明。</td></tr>
<tr><td rowspan="4">鉴定人出庭</td><td>情形</td><td>符合（1）当事人对鉴定意见有异议或者（2）法院认为鉴定人应当出庭之一的，鉴定人应当出庭。
注意：只要符合两个情形之一，鉴定人均应出庭，不论是否具有正当理由。</td></tr>
<tr><td>程序</td><td>法院收到鉴定书后，应当及时将副本送达当事人；当事人对鉴定书的内容有异议的，应当在指定时间内以书面形式提出。
对当事人的异议，法院应当要求鉴定人作出解释、说明或者补充。法院认为有必要的，可以要求鉴定人对当事人未提出异议的内容进行解释、说明或补充。
当事人收到鉴定人书面答复后仍有异议的，法院应当通知鉴定人出庭。（2019《证据规定》）</td></tr>
<tr><td>后果</td><td>经法院通知，鉴定人拒不出庭：
1. 鉴定意见不得作为认定案件事实的依据；
2. 支付鉴定费的当事人可以要求返还鉴定费用；
3. 法院应当建议主管部门或者组织对拒不出庭的鉴定人予以处罚。（2019《证据规定》）</td></tr>
<tr><td>费用</td><td>鉴定人出庭的费用由败诉方当事人承担，由异议方当事人垫付。但因为鉴定意见不明确或者有瑕疵需要鉴定人出庭的，出庭费用由鉴定人自行负担。</td></tr>
<tr><td rowspan="2">有专门知识的人出庭作证</td><td>程序</td><td>当事人在举证期限内申请，由法院通知1~2名有专门知识的人出庭。</td></tr>
<tr><td>作用</td><td>1. 对鉴定意见提出意见（视为当事人的质证意见）
2. 对专业问题提出意见（视为当事人的陈述意见）</td></tr>
</table>

续表

有专门知识的人出庭作证	作用	法院可以询问有专门知识的人；经法庭准许，当事人可以询问有专门知识的人，当事人各自申请的具有专门知识的人可以就案件中的有关问题进行对质。 有专门知识的人不得参与专业问题之外的其他庭审活动。

背诵要点

有专门知识的人的作用是帮助（申请方）当事人质证或者陈述，故：

1. 有专门知识的人出庭需要经当事人申请；
2. 有专门知识的人出庭产生的费用由申请方当事人承担；
3. 有专门知识的人不适用回避制度。①

设题陷阱

1. 鉴定人在鉴定过程中可以询问当事人？
2. 多名鉴定人对同一问题有不同意见的应当少数服从多数？
3. 法院可以依职权通知有专门知识的人出庭对鉴定意见提出意见或者对专业问题发表意见？
4. 有专门知识的人出庭陈述的意见视为鉴定意见？
5. 有专门知识的人出庭应当适用回避制度？
6. 有专门知识的人的出庭费用由败诉方当事人承担？
7. 法院可以对有专门知识的人进行询问，经法庭准许，当事人也可以对其进行询问？
8. 当事人各自申请的具有专门知识的人可以就案件中的有关问题进行对质？
9. 有专门知识的人可以出庭对案件的法律适用问题发表意见？

分析：

1. 正确。
2. 错误。
3. 错误。有专门知识的人出庭只能依申请，不能依职权。
4. 错误。视为当事人陈述。
5. 错误。
6. 错误。由申请方承担。

---

① 注意，有专门知识的人不适用回避制度。有同学根据《最高人民检察院关于指派、聘请有专门知识的人参与办案若干问题的规定（试行）》第六条“有专门知识的人的回避，适用《中华人民共和国刑事诉讼法》《中华人民共和国民事诉讼法》《中华人民共和国行政诉讼法》等法律规定中有关鉴定人回避的规定。”认为有专门知识的人需要适用回避制度。这是对该司法解释的误读。该司法解释仅仅规范检察机关指派、聘请有专门知识的人（该解释第一条），即检察机关指派、聘请的有专门知识的人需要回避。为什么呢？因为有专门知识的人本来就是帮助一方当事人的，无需中立，故不适用回避制度。但是检察机关指派、聘请的由专门知识的人是帮助检察机关，而检察机关作为国家法律监督机关应当具有客观公正义务，需要保持中立，故帮助检察机关的有专门知识的人亦需要保持中立，亦需要回避。

7. 正确。

8. 正确。

9. 错误。有专门知识的人不得参与专业问题之外的其他庭审活动。

总结与归纳：需要签署保证书（承诺书）的情形

1. 当事人：法院在询问当事人之前可以要求当事人签署如实陈述保证书，负有证明责任的当事人拒绝到庭、拒绝接受询问或者拒绝签署保证书，待证事实又欠缺其他证据证明的，法院对其主张的事实不予认定；

2. 证人：法院应当责令证人签署并宣读保证书，但无、限制民事行为能力人除外，证人拒绝签署或者宣读保证书的，不得作证，并且自行承担费用。

3. 鉴定人：鉴定开始之前，法院应当要求鉴定人签署承诺书。

PROJECT NINE

专题九 证　明

考点一　证明对象

以下事实无需证据证明，为免证事实：

1. 自然规律和定理、定律；

2. 众所周知的事实：一定范围内为人们所共同知晓的事实；

3. 根据法律规定所推定的事实；

4. 根据已知事实和日常生活经验法则所推定的事实；

5. 已为仲裁机构生效裁决所确认的事实；

6. 已为法院生效判决所确认的事实；

7. 已为生效公证文书所证明的事实。

以上免证事实除了第 1 项自然规律和定理外，其余的可以通过相反证据加以反驳或者推翻：2、3、4、5 项可以通过相反证据加以反驳；6、7 项可以通过相反证据加以推翻。

背诵要点

1. 与案件无关的事实不是证明对象，无需证据证明，不讨论证明责任、证明标准问题。

2. 免证事实不是证明对象，无需证据证明，不讨论证明责任、证明标准问题。

设题陷阱

1. 经验法则可验证的事实都不需要当事人证明？

2. 甲公司起诉乙公司要求支付货款，乙公司主张货款已经交给甲公司业务员张三，甲公司承认张三为本公司业务员，但其无权代理甲公司收取货款，且张三未将货款交回甲公司。请判断：

（1）乙公司应当对将货款交给张三这一事实承担证明责任？

（2）乙公司应当对张三是甲公司的员工这一事实承担证明责任？

（3）乙公司应当对张三有权代理甲公司收取货款的事实承担证明责任？

（4）乙公司应当对张三已经将货款交回甲公司的事实承担证明责任？

3. 张三购买甲公司生产的饲料养鱼虾，由于饲料质量不合格，导致鱼虾死亡，张三起诉甲公司要求赔偿。其向法院提供了同村村民李四起诉甲公司赔偿一案的生效判决书，该判决书确认了甲公司的饲料与鱼虾死亡存在因果关系。请问，对甲公司的饲料与鱼虾死亡的因果关系应当由谁提供证据证明？

4. 张三养的狗将李四咬伤，李四起诉张三赔偿，关于张三是否存在过错的事实应当由谁承担证明责任？

分析：

1. 错误。经验法则分为日常生活领域和专业领域的经验法则，只有日常生活领域的经验法则不需要证明。

2. （1）正确。乙公司主张货款已经交付给甲公司业务员张三的事实属于合同已经履行的事实，应当由主张合同履行的乙公司承担证明责任。

（2）错误。张三是甲公司的员工这一事实甲公司已经自认，自认的事实属于免证事实，乙公司无需再举证证明。

（3）正确。对于是否存在代理权发生争议，应当由主张代理权存在的乙公司承担证明责任。

（4）错误。只要乙公司证明已经将货款交给张三，且张三有权代理甲公司收取货款，乙公司即能证明其已经履行义务。至于张三是否将货款交回甲公司与本案无关，不是本案待证事实，无需讨论其证明责任。

3. 应当由甲公司提供证据证明不存在因果关系。有同学根据证明责任的分配分析本题，认为在产品质量侵权中，应当由原告对侵权行为、损害结果以及因果关系承担证明责任，故认为应当由张三承担证明责任。但本题中张三向法院提供了一份生效判决书，该判决书确认了存在因果关系——生效判决所确认的事实属于免证事实，无需讨论证明责任。本题考点在于生效判决书所认定的事实属于免证事实，但对方当事人可以通过相反证据推翻。故应当由甲公司通过证据推翻法院生效判决所确认的因果关系这一免证事实。

4. 张三是否有过错不是本案证明对象，无需证据证明。动物致人损害是无过错责任原则，被告张三是否有过错与案件无关，不是本案证明对象，故无需讨论证明责任。

考点二　自　　认

概念	一方当事人在法庭审理中，或者在起诉状、答辩状、代理词等书面材料中，对于己不利的事实明确表示承认的，另一方当事人无需举证证明。	
范围	对于涉及身份关系、国家利益、社会公共利益等应当由法院依职权调查的事实，不适用自认的规定。 注意：自认的事实与法院查明的事实不符的，法院不予确认。	
效果	对于自认的事实，对方当事人无需举证，法庭可以直接作为裁判的依据。	
自认的方式	明示	当事人明确表示承认。
	默示	一方当事人陈述的事实，另一方当事人既未表示承认也未表示否认，经审判人员充分说明并询问后，其仍不明确表示肯定或者否定，视为对该事实的承认。

续表

<table>
<tr><td rowspan="1">自认的方式</td><td>委托代理人的承认</td><td>除委托授权书明确排除的事项外，委托代理人的承认视为当事人的承认。
当事人在场对诉讼代理人的自认明确否认定，不视为自认。（2019《证据规定》）</td></tr>
<tr><td rowspan="2">共同诉讼中的自认</td><td>普通共同诉讼</td><td>普通共同诉讼中一人或者数人作出的自认，对作出自认的当事人发生法律效力。（对其他共同诉讼人不发生法律效力）</td></tr>
<tr><td>必要共同诉讼</td><td>必要共同诉讼人中一人或者数人作出的自认而其他共同诉讼人予以否认的，不发生自认的效力。其他共同诉讼人既不承认也不否认，经审判人员充分询问后仍不明确表示意见的，视为全体共同诉讼人的自认。</td></tr>
<tr><td>自认的撤销</td><td colspan="2">有下列情形之一，当事人在法庭辩论终结前撤销自认的，法院应当准许：
1. 对方当事人同意的；
2. 自认是在受到胁迫或者重大误解情况下作出的。</td></tr>
<tr><td>注意</td><td colspan="2">在诉讼中，当事人为达成调解协议或者和解的目的所作出的妥协所涉及对案件事实的认可，不得在其后的诉讼中作为对其不利的证据，但法律另有规定或者当事人均同意的除外。</td></tr>
</table>

背诵要点

1. 并非所有与身份有关的案件都不适用自认制度，仅仅是其中与身份关系有关的事实不适用自认制度，但其中与身份关系无关的事实可以适用自认制度。

如离婚案件是与身份有关的案件，其中关于婚姻关系是否有效的事实属于与身份关系有关的事实，不适用自认制度；但其中是否存在隐匿财产、出轨等事实与身份关系无关，可以自认。

2. 自认与认诺的区别

自认是对事实进行承认，导致的后果是该事实对方无需举证，法院可以直接作为裁判的依据，并不当然导致自认人败诉。而认诺是对对方诉讼请求的承认，导致的后果是对方的诉讼请求成立，即导致认诺方败诉。自认针对的是对方主张的事实，故其理论基础为辩论原则；认诺针对的是对方的诉讼请求，故其理论基础为处分原则。对比如下：

	自认	认诺
对象	对方主张的事实	对方的诉讼请求
后果	该事实得以认定——自认人不一定败诉	对方诉讼请求成立——认诺人败诉
理论基础	针对事实——约束性辩论原则	针对诉讼请求——处分原则

3. 委托代理人的自认视为当事人的自认，但存在两个例外：

（1）当事人在委托授权书中明确排除；

（2）当事人在场对委托代理人的自认明确表示否定。

4. 共同诉讼中的自认结合共同诉讼的规定掌握：

（1）普通共同诉讼中，共同诉讼人相互独立，故一人自认对其他共同诉讼人不发生法律效力；

（2）必要共同诉讼中，一人行为经其他共同诉讼人同意对其他共同诉讼人生效，故一人自认经其他共同诉讼人同意对其他共同诉讼人生效。此时加一个推定，即其他共同诉讼人只要不否认即视为同意，对其他共同诉讼人生效。

5. 题目中出现“法院依法进行调解，调解中，原告承认……，被告承认……，但因为……没能达成调解协议”的表述，则以上承认的内容均为调解中的妥协和让步，不构成自认，不能直接作为裁判的依据。

设题陷阱

1. 自认的效果是导致自认方当事人败诉？

2. 身份关系的案件不适用自认制度？

3. 自认的事实与法院查明的事实不符的，法院不予认定？

4. 调解中的让步不构成诉讼上的自认？

5. 张某诉刘某侵权一案，法院依法组织调解，调解中刘某承认对张某存在侵权行为，但因为赔偿数额问题无法达成调解协议，法院不再组织调解。对于刘某对张某存在侵权行为的事实，由于刘某进行了自认，张某无需举证，法庭可以直接将其作为裁判的依据？

6. 张某起诉妻子李某离婚，主张妻子李某与王某存在婚外情。李某同意离婚、承认有婚外情，同时承认儿子张小三实际上是自己与王某所生。以上哪些事实构成自认？

分析：

1. 错误。自认是对事实的承认，仅导致对方无需举证，法院可以直接认定该事实，但并不当然导致自认方当事人败诉。认诺是对对方当事人诉讼请求的承认，将直接导致认诺人败诉。

2. 错误。仅仅是与身份关系有关的事实不适用自认，但并非与身份关系有关的案件均不适用自认。

3. 正确。

4. 正确。

5. 错误。

6. 承认婚外情事实构成自认；同意离婚不构成自认——这是对原告诉讼请求的承认，为认诺；承认张小三为自己与王某所生不构成自认——这是与身份关系有关的事实，不适用自认制度。可见，在与身份有关的案件中，有些事实与身份关系有关不适用自认，而有些事实与身份关系无关则可以适用自认制度。

考点三 证明责任的概念

当事人对自己主张的事实应当承担提供证据予以证明的责任，如果该事实处于真伪不明的状态，由承担证明责任的当事人承担不利后果，即推定其主张的事实不成立。

即证明责任包括行为责任（提供证据的责任）和结果责任（事实不清、真伪不明时承担不利后果的责任）两方面。

背诵要点

1. 真伪不明是证明责任发生的前提。

2. 当事人是证明责任的主体，法院不承担证明责任。

3. 针对同一事实主张，证明责任只能由一方当事人承担，不可能双方当事人都承担证明责任。

4. 证明责任的负担是由法律和司法解释预先确定的，在诉讼中不存在证明责任转移的问题，也不存在当事人约定证明责任的问题。

5. 不承担证明责任的一方当事人也可以积极行使举证权利（其提供的证据是反证）。

6. 证明责任是一种拟制或假定，可能与客观事实不符。

设题陷阱

1. 只有在待证事实处于真伪不明的情况下，证明责任的后果才会出现？

2. 对案件中的同一事实，只有一方当事人负有证明责任？

3. 当事人对其主张的某一事实没有提供证据证明，必将承担败诉的后果？

4. 证明责任的结果责任不会在原、被告间相互转移？

5. 当事人可以对证明责任的分配进行约定？

分析：

1. 正确。

2. 正确。

3. 错误。如对方当事人予以了自认，则该事实无需证据证明。

4. 正确。

5. 错误。

考点四 证明责任的分配

原则：谁主张，谁举证。即主张积极事实的当事人应当对其主张的事实承担证明责任，主张消极事实的当事人对该消极事实不承担证明责任。

原则的体现：

一、合同纠纷①

1. 主张合同关系成立、生效的一方当事人应当对合同成立、生效的事实承担证明责任；

2. 主张合同关系变更、消灭的一方当事人应当对合同变更、消灭的事实承担证明责任；

3. 主张合同已经履行的当事人应当对合同履行的事实承担证明责任；

4. 对代理权发生争议的，由主张有代理权的一方当事人承担证明责任。

二、侵权纠纷

原则上由原告证明侵权构成要件，被告证明免责事由。过错责任原则中侵权构成要件包括：行为、结果、因果关系、过错四个要件。无过错责任原则中侵权构成要件包括：行为、结果、因果关系三个要件。

但根据民法的规定，存在如下证明责任的倒置情形：

1. 民法中规定的因果关系倒置

因污染环境、破坏生态发生纠纷，行为人应当就其行为与损害之间不存在因果关系承担举证责任。

故在环境污染案件中应当由原告对侵权行为、损害结果两要件承担证明责任，被告对免责事由和无因果关系承担证明责任。

2. 民法中过错推定的情形即为过错倒置

（1）无民事行为能力人在幼儿园、学校或者其他教育机构学习、生活期间受到人身伤害，幼儿园、学校或者其他教育机构应当承担赔偿责任；但能够证明尽到教育、管理职责的，不承担责任；

（2）医疗纠纷中，患者在诊疗活动中受到损害，有下列情形之一的，推定医疗机构有过错：①违反法律、行政法规、规章以及其他有关诊疗规范的规定；②隐匿或者拒绝提供与纠纷有关的病历资料；③遗失、伪造、篡改或者违法销毁病历资料。

（3）动物园的动物造成他人损害的，动物园应当承担侵权责任；但是能够证明尽到管理职责的不承担侵权责任。

（4）建筑物、构筑物或者其他设施及其搁置物、悬挂物发生脱落、坠落造成他人损害，所有人、管理人或者使用人不能证明自己没有过错的，应当承担侵权责任。堆放物倒塌、滚落或者滑落造成他人损害，堆放人不能证明自己没有过错的，应当承担侵权责任。

故在过错推定案件中应当由原告对侵权行为、损害结果、因果关系承担证明责任，被告对免责事由以及自己无过错承担证明责任。

---

① 关于合同纠纷的证明责任分配之所以为2019年《证据规定》所删除，是因为该内容能够根据2015年《民诉解释》所确定的“谁主张，谁举证”原则直接推导出来，故无需另行规定。但并非意味着该内容不再适用。

技术流："一个原则，两类倒置"解决证明责任的分配

"一个原则"指：谁主张，谁举证。

具体而言，在侵权纠纷中体现为原告证明侵权构成要件（过错责任原则四要件，无过错责任原则三要件），被告证明免责事由。

"两类倒置"指：（1）环境污染案件因果关系倒置；（2）过错推定案件（民诉中常考的是建筑物、构筑物、堆放物等致人损害）过错倒置；

一招制敌

1. 一般情形下，原告证明侵权构成要件，被告证明免责事由。

2. 遇到两类存在倒置的情形，将倒置的内容分配给被告证明，其余内容该原告证明的依然由原告证明，该被告证明的依然由被告证明。

设题陷阱

1. 请分析高度危险作业致人损害的证明责任？

2. 请分析环境污染致人损害的证明责任？

3. 请分析动物致人损害的证明责任？

4. 请分析产品侵权的证明责任？

5. 请分析搁置物致人损害的证明责任？

分析：

1. 高度危险作业适用无过错责任原则，原则上应当由原告证明侵权责任构成要件，即行为、结果、因果关系，被告证明免责事由，即受害人有故意或者重大过失。同时不存在上表所述的倒置规定。故应当由原告证明行为、结果、因果关系，被告证明免责事由。同时，无过错责任原则中过错不需要证明。

2. 环境污染适用无过错责任原则，原则上应当由原告证明侵权责任构成要件，即行为、结果、因果关系，被告证明免责事由。同时，环境污染的因果关系应当倒置给被告证明。故应当由原告证明行为、结果，被告证明免责事由和无因果关系。同时，无过错责任原则中过错不需要证明。

3. 动物致人损害适用无过错责任原则，原则上应当由原告证明侵权责任构成要件，即行为、结果、因果关系，被告证明免责事由，即受害人有故意或者重大过失。同时不存在倒置规定。故应当由原告证明行为、结果、因果关系，被告证明免责事由。同时，无过错责任原则中过错不需要证明。

4. 产品侵权损害适用无过错责任原则，原则上应当由原告证明侵权责任构成要件，即行为、结果、因果关系，被告证明免责事由，即受害人有故意或者重大过失。同时不存在倒置规定。故应当由原告证明行为、结果、因果关系，被告证明免责事由。同时，无过错责任原则中过错不需要证明。

5. 搁置物致人损害适用过错责任原则，原则上应当由原告证明侵权责任构成要件，即行为、结果、因果关系、过错，被告证明免责事由。同时，搁置物致人损害的过错应当倒置给被告证明。故应当由原告证明行为、结果、

因果关系，被告证明免责事由和无过错。

考点五 证明标准

<table>
<tr><td>程序性事实</td><td colspan="2">较大可能性：与诉讼保全、回避等程序性事项有关的事实，法院结合当事人的说明及相关证据，认为相关事实存在的可能性较大的，可以认定该事实存在。</td></tr>
<tr><td rowspan="2">实体性事实</td><td>一般标准</td><td>对负有证明责任的当事人提供的证据，法院经审查并结合相关事实，确信待证事实的存在具有高度可能性的，应当认定该事实存在。</td></tr>
<tr><td>特殊标准</td><td>当事人对欺诈、胁迫、恶意串通事实的证明，以及对口头遗嘱或者赠与事实的证明，法院确信该待证事实存在的可能性能够排除合理怀疑的，应当认定该事实存在。</td></tr>
</table>

背诵要点

证明标准以证明责任为前提！

1. 承担证明责任的当事人需要将其主张的事实证明到相应标准法院才会采信其主张的事实；如果达不到相应证明标准，则该事实处于事实不清，真伪不明，承担证明责任的当事人要承担不利后果。

2. 不承担证明责任的人虽然有提出反证的权利，但其提供反证无需达到证明标准，其提供反证的目的是为了反驳对方主张的事实，即只要让该事实处于事实不清，真伪不明状态，法院即会作出对对方当事人不利的推定。

故在判断证明标准之前应当首先判断该方当事人是否承担证明责任：如该方当事人承担证明责任则需要判断证明标准；如该方当事人不承担证明责任，则无需讨论证明标准。

设题陷阱

原被告因为合同纠纷诉至法院，关于本案，请判断如下表述：

1. 原告主张合同关系成立并生效，应当将合同关系成立并生效的事实证明到高度可能性的标准，否则将承担证明责任的不利后果？

2. 被告主张合同关系不存在，应当将合同关系不存在的事实证明到高度可能性的标准，否则将承担证明责任的不利后果？

3. 当事人主张赠与关系成立，应当将赠与关系成立的事实证明到高度可能性的标准，否则将承担证明责任的不利后果？

4. 当事人主张赠与关系不成立，应当将赠与关系不成立的事实证明到排除合理怀疑的标准，否则将承担证明责任的不利后果？

分析：

1. 正确。对于合同是否成立并生效的事实应当由主张合同关系成立并生效的原告承担证明责任，此时适用一般标准，即高度可能性。

2. 错误。对于合同是否成立，应当由主张成立的一方当事人承担证明责任。被告主张合同关系不成立，无需对该事实承担证明责任，自然无需达到相应证明标准。

3. 错误。对于赠与关系是否成立，应当由主张成立的一方当事人承担证明责任，此时适用特殊标准，即排除合理怀疑，而不是一般标准。

4. 错误。对于赠与关系是否成立，应当由主张成立的一方当事人承担证明责任，当事人主张赠与关系不成立，无需对该事实承担证明责任，自然无需达到相应证明标准。

总结与归纳一：证明责任，本、反证，证明标准

1. 承担证明责任的人提供的证据是本证，提供本证必须达到证明标准，否则要承担不利后果；

2. 不承担证明责任的人提供的证据是反证，提供反证无需达到证明标准，只要案件事实不清、真伪不明，对方即承担不利后果。

总结与归纳二：证明对象、证明责任、证明标准

证明对象是证明责任的前提，证明责任又是证明标准的前提。即分析题目时应当先讨论证明对象，再讨论证明责任，再讨论本证、反证以及证明标准问题。

1. 首先讨论哪些事实需要证据证明（证明对象）；

2. 对于证明对象才需要讨论由谁承担证明责任（证明责任）；而不是本案证明对象的事实则无需证据证明，自然无需讨论证明责任；

3. 承担证明责任的人提供的证据是本证，需要讨论证明标准；而不承担证明责任的人提供的证据是反证，无需达到证明标准。

设题陷阱

例1：张三雇佣李四打扫卫生，李四擦窗户时不慎将一块玻璃弄破，致使楼下行人王五受伤，王五起诉赔偿。王五应当对张三有过错承担证明责任？

例2：张三起诉李四归还借款5000元，向法庭出示了一张向李四转账5000元的转账凭证；李四主张借款关系不存在，张三向其转账5000元是归还曾向自己借钱的借款，李四向法庭出示了张三曾向自己借款10000元的借条，该借条是本证？

例3：甲公司起诉乙公司要求支付货款，乙公司主张货款已经交给甲公司的业务员张某，甲公司称张某确实是本公司员工，但其无权代为收取货款，且未将该货款交回甲公司。

（1）乙公司应当对张某是甲公司业务员的事实承担证明责任？

（2）乙公司应当对张某已经将该笔交回甲公司的事实承担证明责任？

例4：张三购买甲公司的饲料养鱼虾导致鱼虾死亡，起诉甲公司赔偿，张三向法庭提供了同村村民李四起诉甲公司赔偿的生效判决书，该判决书确定

饲料有质量问题且该质量问题与鱼虾死亡存在因果关系。应当由张三对甲公司生产的饲料与张三的鱼虾死亡存在关系承担证明责任？

分析

例1：错误。提供劳务致人损害，由接受劳务方承担赔偿责任。即接受劳务方承担无过错责任，故接受劳务方张三是否有过错与本案无关，不是证明对象，故无需承担证明责任。

例2：错误。本案（张三起诉李四归还借款5000元）的相关证明对象为该笔借款是否存在，该笔借款是否归还。而李四提供的借条的待证事实是张三曾经向李四借钱的借款，与本案无关，不是本案证明对象，无需讨论证明责任问题，故也不是本案证据，既不是本证，也不是反证。

例3：（1）错误。张某是甲公司业务员这一事实已经甲公司自认，自认事实属于免证事实，不是本案证明对象，无需讨论证明责任问题。

（2）错误。乙公司只需要证明已经将货款交给张某，且张某有权代理收取货款，即可证明已经履行义务。而张某是否将货款交回甲公司则是属于与本案无关的事实，不是本案证明对象，不讨论证明责任。

例4：错误。本案甲公司的饲料有质量问题以及该质量问题与鱼虾死亡存在因果关系是生效判决所确定的事实，属于免证事实，不是本案证明对象，无需讨论证明责任。当然生效判决确定的事实为免证事实，但对方当事人可以通过相反证据予以推翻，故甲公司可以提供相反证据证明饲料没有质量问题或者质量问题与鱼虾死亡之间不存在因果关系。

考点六　证据保全

	诉讼中证据保全	诉前证据保全
适用情形	证据可能灭失或日后难以取得。	情况紧急，证据可能灭失或日后难以取得。
启动方式	可以依职权，也可以依申请。	只能依申请。
时间	诉讼中，举证期限届满前。	起诉或申请仲裁前。
管辖	受理案件的法院。	证据所在地、被申请人住所地、对案件有管辖权的法院。
担保	证据保全可能给他人造成损失的，法院应当责令申请人提供担保。	应当责令提供担保。
法律效果	证据被采取保全措施后，就该证据能够证明的事实，免除相关当事人提供证据的责任（即免除其举证责任中的行为责任）。	

背诵要点

诉前证据保全后，当事人向其他有管辖权的法院起诉，采取保全措施的法院应当根据当事人的申请将保全的证据及时移交受理案件的法院。

设题陷阱

A 区甲公司与 B 区乙公司在 C 区签订买卖合同，约定乙公司在 D 区为甲公司提供一批生鲜水果。后来乙公司在 E 区交付了这批水果，但因为水果质量不合格，甲公司欲起诉乙公司，为了证明水果质量不合格，甲公司申请对其进行证据保全。请回答：

1. 甲公司可以向哪些法院申请证据保全？

2. 法院采取保全措施时认为乙公司可能转移财产，遂对乙公司采取财产保全措施？

3. 法院采取保全措施后，即免除了甲公司对水果质量提供证据的责任？

4. 甲公司向 E 区法院申请证据保全，E 区法院采取保全措施后，甲公司向 D 区法院起诉，E 区法院应当根据甲公司的申请将保全的证据移交 D 区法院？

分析：

1. 甲公司可以向 B、D、E 区法院申请证据保全。诉前证据保全可以向被申请人住所地、证据所在地以及对案件有管辖权的法院申请。本案中，B 区是被申请人乙公司住所地，E 区为证据（这批水果）所在地，甲公司可以向 B、E 区两地法院申请诉前证据保全；同时，本案为合同纠纷，被告住所地 B 区法院以及合同约定履行地 D 区法院对案件有管辖权，故甲公司可以向 B、D、E 区法院申请诉前证据保全。

2. 错误。此时尚未起诉，对乙公司财产保全属于诉前财产保全，法院不能依职权进行。

3. 正确。法院采取证据保全措施，证据即由法院掌握，可以免除甲公司提供该证据的责任。

4. 正确。诉前证据保全可以向 B、D、E 区法院提出。而本案甲公司起诉则应当由被告住所地 B 区法院或者合同约定履行地 D 区法院管辖。故 E 区法院采取保全措施后，甲公司向 D 区法院起诉的，采取保全措施的 E 区法院应当根据甲公司申请及时将保全的证据移交受理案件的 D 区法院。

考点七　及时举证——当事人应当对自己的主张及时提供证据

举证期限	1. 举证期限的确定：法院在审理前的准备阶段确定当事人的举证期限，也可以由当事人协商后经法院准许。 2. 法院确定举证期限，一审普通程序案件不得少于 15 日，当事人提供新的证据的第二审案件不得少于 10 日。
举证期限的延长	当事人在举证期限内提供证据确有困难的，可以在举证期限届满前向法院书面申请延长。
举证期限的效力	当事人逾期提供证据的，法院应当责令其说明理由；拒不说明或者理由不成立的，法院可以不采纳该证据，或者采纳该证据，但予以训诫、罚款。 1. 当事人因故意或者重大过失逾期提供的证据，法院不予采纳。

续表

举证期限的效力	2. 当事人虽然是故意或者重大过失逾期举证，但该证据与案件基本事实相关，法院应当采纳，并对当事人予以训诫、罚款。 3. 当事人不是故意或者重大过失逾期举证，法院应当采纳该证据，并对当事人予以训诫。 当然，当事人因客观原因逾期提供证据，或者对方当事人对逾期提供的证据未提出异议的，视为未逾期。

背诵要点

1. 举证期限可以由法院确定，也可以由当事人协商一致后经法院准许；法院确定的举证期限不得少于15天。

2. 举证期限的特殊计算（2019《证据规定》）

（1）公告送达的，举证期限自公告期届满之次日起计算；

（2）当事人提出管辖权异议的，举证期限中止，自驳回管辖权异议的裁定生效之日起恢复计算；

（3）追加当事人、有独立请求权的第三人参加诉讼或者无独立请求权的第三人经法院通知参加诉讼的，法院应当为新参加诉讼的当事人确定举证期限，该举证期限适用于其他当事人；

（4）发回重审的案件，第一审法院可以结合案件具体情况和发回重审的原因，酌情确定举证期限；

（5）当事人增加、变更诉讼请求或者提出反诉的，法院应当根据案件具体情况重新确定举证期限。

2. 申请延长举证期限应当在举证期限内以书面形式提出。

3. 逾期提供证据并非当然导致证据不被采纳的后果。法院视情形分别处理（考虑逾期举证主观过错程度和证据的重要程度两个因素）

（1）故意或者重大过失逾期举证——不予采纳；

（2）故意或者重大过失逾期举证，但证据与案件基本事实相关——采纳后予以训诫、罚款；

（3）不是故意或者重大过失逾期举证——采纳后训诫；

（4）客观原因逾期举证或者对方当事人没有提出异议——视为没有逾期。

总结与归纳一：不同程序的举证期限

举证期限可以由法院确定，也可以由当事人协商一致后经法院准许。

1. 一审普通程序：法院指定的举证期限不得少于15天。

2. 一审简易程序：不得超过15天。

3. 小额诉讼程序：一般不得超过7天。

总结与归纳二：举证期限的其他效力

举证期限不仅是当事人提供证据的期限，同时与证据有关的其他事项也需要在举证期限内进行，总结如下：（1）提供证据；（2）申请延长举证期限；（3）申请证人出庭作证；（4）申请法院调查收集证据；（5）诉讼中申请法院保全证据；（6）申请鉴定；（7）申请有专门知识的人出庭；（8）申请法院责令书证持有人提交书证。

考点八　法院调查收集证据

依申请调查取证	情形	1. 证据属于国家有关部门保存并须经法院依职权调取的档案材料。 2. 涉及国家秘密、商业秘密、个人隐私的证据材料。 3. 当事人及诉讼代理人因客观原因无法自行收集的证据材料。
	质证方式	审判人员对调查收集证据的情况进行说明后，由提出申请的当事人与对方当事人、第三人进行质证。（视为申请方当事人提出的证据进行质证）
	申请时间	举证期限届满前。
依职权调查取证	情形	基于当事人平等原则、处分原则以及（约束性）辩论原则的要求，一般不允许法院依职权调查收集证据，法院依职权调查收集的证据仅限于法院认为“审理案件必要的证据”： 1. 涉及可能损害国家利益、社会公共利益的； 2. 涉及身份关系的； 3. 涉及公益诉讼的； 4. 当事人有恶意串通损害他人合法权益可能的； 5. 涉及依职权追加当事人、中止诉讼、终结诉讼、回避等程序性事项的。 除此之外，法院调查收集证据，应当依照当事人的申请进行。
	质证方式	法院依职权调查收集的证据，由审判人员对调查收集证据的情况进行说明后，听取当事人的意见。（无需质证）

背诵要点

1. 法院依职权调查收集证据仅限于五种情形，归纳为（1）涉及国家、社会、第三人利益；（2）身份关系；（3）程序性事项三大类。

2. 除法定情形外，法院不得依职权调查收集证据，否则可能违反平等原则、处分原则以及约束性辩论原则。

3. 法院调查收集的证据是否需要质证需要分情形讨论：依职权调查收集的证据无需质证，而依申请调查收集的证据视为申请方当事人提供的证据进行质证。

设题陷阱

1. 案件中可能存在当事人恶意串通损害第三人利益的事实，法院主动收集相关证据？

2. 对公益诉讼案件，法院对涉及公共利益受到损害的事实进行调查？

3. 离婚诉讼中，法院依职权对婚姻关系是否有效的事实进行调查？

4. 诉讼中法院依职权对本院对案件是否具有管辖权的事实进行调查？

5. 诉讼中法院依职权调查委托诉讼代理人的代理权限范围？

6. 诉讼中法院依职权调查当事人是否具有诉讼权利能力的事实？

7. 诉讼中法院对合议庭成员是否存在回避的法定事由进行调查？

8. 诉讼中法官主动走访现场，最后据此支持了原告的诉讼请求？

9. 诉讼中当事人因没有时间收集证据，而申请法院调查收集证据，法院应当调查收集？

10. 当事人申请法院调查收集证据未获准许，可以向该法院申请复议一次？

11. 法院调查收集的证据无需质证，由审判人员对调查收集证据的情况进行说明后，听取当事人意见？

分析：

1. 正确。属于当事人恶意串通损害第三人利益的事实。

2. 正确。属于涉及公益诉讼的事实。

3. 正确。属于身份关系事实。

4. 正确。属于程序性事实。

5. 正确。属于程序性事实。

6. 正确。属于程序性事实。

7. 正确。属于程序性事实。

8. 错误。属于涉及当事人实体权利的事实，法院不能依职权调查收集证据。

9. 错误。没有时间不是客观原因。

10. 错误。2019 年《证据规定》删除了该规定，即根据 2019 年《证据规定》当事人申请法院调查收集证据未获准许的，不能申请复议。

11. 错误。法院调查收集的证据分为依申请调查收集和依职权调查收集。其中依申请调查收集的证据应当视为申请方提供的证据进行质证，而依职权调查收集的证据则无需质证，由审判人员对调查收集证据的情况进行说明后，听取当事人意见。

总结与归纳：辩论原则在我国民事诉讼法中的体现

1. 约束性辩论原则要求法院的裁判以当事人提出并加以主张的事实为限，故法院以当事人未加以主张的事实作为裁判依据将违反约束性辩论原则；而处分原则要求法院的裁判受当事人诉讼请求的约束，故法院的判决超出当事人诉讼请求的，违反处分原则。

2. 约束性辩论原则要求对于当事人没有争议的事实法院应当作为裁判依据，即受当事人自认事实的约束。故自认是对对方主张的事实予以承认，将导致就该事实而言免去对方当事人举证责任，法院直接将该事实作为裁判依据，体现了约束性辩论原则；与之形成对比的是认诺制度，认诺是对对方诉讼请求的承认，将导致对方诉讼请求成立，即导致认诺人败诉，体现的是处分原则。

3. 法院对证据的调查收集应当以当事人申请为原则，除非法定情形（国家、社会、第三人利益，身份关系、程序性事实）法院可以依职权调查收集证据外，法院对证据的调查收集应当依当事人申请进行，是约束性辩论原则的要求。申请法院调查收集证据是当事人的权利，故法院在非法定情形下依职权调查收集证据同样违反处分原则，当然也会破坏当事人的平等地位，违反平等原则。

考点九 质 证

概念	证据应当在法庭上出示，由当事人相互质证。未经当事人质证的证据，不得作为认定案件事实的依据。
注意	1. 当事人在审前准备阶段或者法院调查、询问过程中发表过质证意见的证据，视为质证过的证据。 2. 质证应当公开进行，但涉及国家秘密、商业秘密、个人隐私或者法律规定应当保密的证据，不得公开质证。

设题陷阱

某区人民法院审理了张三诉李四侵权纠纷一案，经过审理认为原告张三主张的侵权事实不成立，判决张三败诉，当事人均未上诉；后张三在公安机关调取了现场监控视频，向该市人民检察院申请抗诉，该市检察院认为其理由成立，遂向该市中院提出抗诉，市中院裁定再审。在再审中，应当由检察院、张三、李四对该监控视频资料进行质证？

分析：错误。质证的主体是当事人，检察机关通过抗诉启动再审，其诉讼地位为国家法律监督机关，并不是一方当事人，不是质证的主体。

考点十 证据的认定

不得单独作为认定案件事实的证据	1. 当事人的陈述； 2. 无、限制民事行为能力人所作的与其年龄、智力或者精神健康状况不相当的证言； 3. 与一方当事人或其代理人有利害关系的证人出具的证言； 4. 存有疑点的视听资料、电子数据； 5. 无法与原件、原物核对的复印件、复制品。
非法证据排除	对以严重侵害他人合法权益、违反法律禁止性规定或者严重违背公序良俗的方法形成或者获取的证据，不得作为认定案件事实的根据。

背诵要点

以上不得单独作为认定案件事实的依据所列的五种情形是因为证明力太小，需要其他证据补强其证明力，故不得单独作为认定案件事实的依据。与间接证据无关（间接证据是因为证明的内容不完整，故不能单独作为认定案件事实的依据，需要其他证据来补充、完善其内容，与证明力大小无关）。

设题陷阱

1. 张三向法庭提供一份偷录双方谈话内容的录音带，不得作为认定案件事实的根据？

2. 与当事人有利害关系的人不得作为证人？

3. 无法与原件核对的复制件、复制品不得单独作为认定案件事实的依据，故其为间接证据？

4. 间接证据不能单独作为定案根据？

5. 不能单独定案的证据都是间接证据？

分析：

1. 错误。偷拍、偷录并不属于非法方法。

2. 错误。

3. 错误。

4. 正确。间接证据在内容上只能证明待证事实的一个部分、片段，故不能单独定案，需要别的证据在内容上对其进行补充才能定案。

5. 错误。证据不能单独定案的原因有很多，可能是由于内容不完整，需要别的证据在内容上对其进行补充，此为间接证据；也有可能是内容完整，但是证明力小，需要别的证据在证明力上对其进行补强才能定案，这与间接证据无关。

PROJECT TEN

保全与先予执行　专题十

考点一　诉前保全和诉讼中保全

	诉前保全	诉讼中保全
适用条件	不立即采取保全措施将会使申请人的合法权益受到难以弥补的损害。	可能因当事人一方的行为或者其他原因使判决难以执行或造成当事人其他损害。
启动方式	依申请。	可以依申请，可以依职权。
担保	应当提供担保；经责令拒不提供的，裁定驳回申请。	可以责令申请人提供担保。 经责令拒不提供的，裁定驳回申请。
管辖	被保全财产所在地、被申请人住所地或者对案件有管辖权的法院。 当事人向采取诉前保全措施以外的其他有管辖权的法院起诉的，采取诉前保全措施的法院应当将保全手续移送受理案件的法院。诉前保全裁定视为受移送法院作出的裁定。	受诉法院；上诉案件中，二审法院收到报送案件前，由一审法院采取保全措施。
裁定	48 小时内作出裁定。	一般 5 日内作出裁定；情况紧急的，应当在 48 小时内作出裁定。

背诵要点

1. 保全包括行为保全和财产保全。

2. 诉前保全只能依申请，不能依职权；诉讼中保全既可以依申请，又可以依职权。

3. 诉前保全应当责令提供担保，诉讼中保全可以责令提供担保。经责令，拒不提供的，裁定驳回申请。

4. 诉前保全均应当在 48 小时内作出裁定；诉讼中保全情况紧急时才要求在 48 小时内作出裁定。

5. 当事人向采取诉前保全措施以外的其他有管辖权的法院起诉的，采取诉前保全措施的法院应当将保全手续移送受理案件的法院。诉前保全裁定视为受移送法院作出的裁定。

设题陷阱

A 区甲公司和 B 区乙公司签订买卖合同，约定乙公司在 C 区向甲公司交付一批货物，甲公司付款后，乙公司拒不交付货物，同时甲公司发现乙公司正准备转移位于D区仓库中的这批货物，遂向D区法院申请扣押该批货物。后甲公司向C区法院提起诉讼。

1. 本案甲公司可以向哪些法院申请保全？

2. 本案甲公司可以向哪些法院起诉？

3. D区法院应当责令甲公司提供担保？

4. D区法院扣押货物后，甲公司应当在30天内起诉，否则法院应当裁定解除保全？

5. C区法院受理案件后，D区法院应当保全手续移送C区法院，D区法院作出的保全裁定视为C区法院作出的裁定？

分析：

1. 甲公司可以向B、C、D区法院申请保全。诉前保全由被申请人住所地、被保全财产所在地、对案件有管辖权的法院管辖。

2. 甲公司可以向B区或者C区法院起诉。被告住所地和合同履行地（有约定履行地的，以约定履行地为合同履行地）。

3. 正确。诉前保全应当责令提供担保。

4. 正确。

5. 正确。

考点二　执行前的保全

法律文书生效后，进入执行程序前，债权人因对方当事人转移财产等紧急情况，不申请保全将可能导致生效法律文书不能执行或者难以执行的，可以向执行法院申请采取保全措施。

债权人应当在法律文书指定的履行期限届满后5日内申请执行，否则，法院应当裁定解除保全。

执行前的保全，由于此时判决已经生效，权利义务已经明确，故可以不要求申请人提供担保。

背诵要点

1. 申请时间：判决生效后，进入执行前；

2. 管辖：执行法院（一审法院或者与之同级的被执行财产所在地法院）；

3. 后果：应当在履行期限届满后5日内申请执行，否则应当裁定解除保全；

4. 担保：执行前的保全可以不责令提供担保。

设题陷阱

丙区法院生效判决要求乙区李四在判决生效后30日内向甲区的张三支付30万货款及违约金。判决生效后，张三发现李四在转移财产，李四有位于丁区的住房一套（价值40万），张三申请法院查封该住房。

（1）张三应当向乙区法院或者丁区法院申请保全？

（2）张三应当在法院采取保全措施后5日内申请执行，否则法院应当裁定解除保全？

分析：

（1）错误。执行前的保全由执行法院管辖，法院的生效判决由一审法院或者与之同级的被执行财产所在地法院执行，故本案执行前的保全应当向丙区法院（一审法院）或者丁区法院（与之同级的被执行财产所在地法院）申请。

（2）错误。应当在履行期限届满后 5 日内申请执行，而不是采取保全措施之日起 5 日内。

考点三　保全的一些共同考点

<table>
<tr><td rowspan="3">保全措施</td><td>一般情形</td><td>查封、扣押、冻结。</td></tr>
<tr><td>担保财产</td><td>查封、扣押、冻结担保物权人占有的担保财产，一般由担保物权人保管；由法院保管的，质权、留置权不因采取保全措施而消灭。</td></tr>
<tr><td>不宜长期保管的物品</td><td>对季节性商品、鲜活、易腐烂变质以及其他不宜长期保存的物品采取保全措施时，可以责令当事人及时处理，由法院保存价款；必要时，法院可予以变卖，保存价款。</td></tr>
<tr><td>救济</td><td colspan="2">对保全裁定可以复议，复议不停止执行。</td></tr>
<tr><td>保全的解除</td><td colspan="2">1. 保全错误的；
2. 申请人撤回保全申请的；
3. 申请人的起诉或者诉讼请求被生效裁判驳回的；
4. 诉前保全措施采取后，申请人 30 日内不起诉或申请仲裁的，应当解除保全；
5. 财产纠纷案件，被申请人向法院提供担保的，应当裁定解除保全。</td></tr>
</table>

背诵要点

1. 对担保财产可以采取保全措施，但不影响担保物权人的优先受偿权。

2. 查封、扣押、冻结担保物权人占有的担保财产，一般由担保物权人保管；如果由法院保管的，质权、留置权不因采取保全措施而消灭。

设题陷阱

1. 诉讼中的保全法院可以责令申请人提供担保，经责令，拒不提供的，法院裁定驳回申请？

2. 申请人撤回保全申请的，法院应当裁定解除保全？

3. 申请人的起诉或者诉讼请求被法院生效裁判驳回的，法院应当裁定解除保全？

4. 被申请人向法院提供担保的，应当裁定解除保全？

5. 甲区张三和乙区李四签订买卖合同，约定李四在丙区向张三交付一批货物，后来李四在丁区完成了货物交付，因为货物质量不符合约定，张三欲起诉李四赔偿，此时，李四突然转移财产，张三发现李四有一块名表价值 30

万，但该表已经质押给戊区的小额贷款公司，张三遂向戊区法院申请扣押这块手表，请判断：

（1）法院可以扣押这块手表，但需要经过小额贷款公司同意？

（2）法院扣押手表后，手表仍然由小额贷款公司保管？

（3）法院扣押手表后，如果由法院保管的，不影响小额贷款公司的优先受偿权？

（4）戊区法院裁定采取保全措施后，如果张三向丙区法院起诉的，戊区法院应当将保全手续移送丙区法院？

分析：

1. 正确。

2. 正确。

3. 正确。

4. 错误。仅限于财产纠纷案件，被申请人提供担保的应当裁定解除保全。

5. （1）错误。法院可以对担保财产采取保全措施，无需经过担保物权人同意。

（2）正确。

（3）正确。

（4）正确。

考点四　先予执行

范围	1. 追索赡养费、扶养费、抚育费、抚恤金、医疗费等案件。 2. 追索劳动报酬。 3. 情况紧急需要先予执行：需要立即停止侵害、排除妨碍的；需要立即制止某项行为的；追索恢复生产、经营急需的保险理赔费的；需要立即返还社会保险金、社会救助资金的；不立即返还款项，将严重影响权利人生活和生产经营的。
条件	1. 当事人之间权利义务关系明确。 2. 申请人有实现权利的迫切需要。 3. 申请人依法提出申请。（先予执行只能依申请，不能依职权） 4. 被申请人有履行能力。
程序	可以责令申请人提供担保，经责令，拒不提供的，裁定驳回申请。（可见担保不是必须的）
范围	限于当事人诉讼请求范围，并且以当事人生产生活急需为限。
救济	对先予执行的裁定不服可以复议，复议不停止执行。
最终处理	1. 申请人胜诉，先予执行正确，法院应当在判决书中说明权利人应享有的权利在先予执行中已经得到全部或者部分实现。 2. 申请人败诉，先予执行错误，法院在判决书中指出先予执行错误，责令申请人返还因先予执行取得的利益，或者适用执行回转的规定。给被申请人造成损失的，应当赔偿。

背诵要点

先予执行适用于情况紧急，需要申请人申请，法院不能依职权采取；同时，申请先予执行，法院可以责令申请人提供担保，经责令拒不提供的，裁定驳回申请。

总结与归纳：关于担保问题

证据保全	诉前	应当责令提供担保
	诉讼中	可能给他人造成损失的应当责令提供担保
财产、行为保全	诉前	应当责令提供担保
	诉讼中	可以责令提供担保
	执行前	可以不要求提供担保
先予执行	可以责令提供担保	

专题十一 PROJECT ELEVEN 对妨碍诉讼的强制措施

<table>
<tr><td rowspan="3">拘传</td><td>对象</td><td>必须到庭的当事人：
1. 负有赡养、抚育、扶养义务和不到庭就无法查清案情的被告；
2. 给国家、集体或他人造成损害的未成年人的法定代理人，如其必须到庭，经 2 次传票传唤无正当理由拒不到庭也可以拘传；
3. 必须到庭才能查清案件基本事实的原告。</td></tr>
<tr><td>情形</td><td>经 2 次传票传唤，无正当理由拒不到庭。</td></tr>
<tr><td>程序</td><td>拘传票，院长批准。</td></tr>
<tr><td rowspan="3">罚款和拘留</td><td>程序</td><td>制作决定书，院长批准；法院对被拘留人采取拘留措施后，应当在 24 小时内通知其家属；确实无法按时通知或者通知不到的，应当记录在案。</td></tr>
<tr><td>救济</td><td>向上一级法院复议，复议不停止执行。</td></tr>
<tr><td>期限限额</td><td>拘留：15 日以内。（改正错误后法院可决定提前解除）
罚款：个人 10 万元以下，单位 5 万元~100 万元。</td></tr>
<tr><td rowspan="2">对单位的措施</td><td>情形</td><td>拒绝协助法院调查取证、拒绝协助执行。</td></tr>
<tr><td>措施</td><td>对该单位进行罚款，并可以对其主要负责人或者直接责任人予以罚款、拘留；构成犯罪的，依法追究刑事责任。</td></tr>
</table>

PROJECT TWELVE

期间与送达 专题十二

考点一 期 间

<table>
<tr><td rowspan="3">分类</td><td rowspan="2">法定期间</td><td rowspan="2">法律明文规定的期间</td><td>绝对不可变期</td><td>法律明确规定，任何机构和人员都不得变更。</td></tr>
<tr><td>相对不可变期</td><td>经法律确定后，一般不得改变，但特殊事由，可以依法变更。</td></tr>
<tr><td>指定期间</td><td colspan="3">法院根据审理案件的需要，依职权指定当事人及其他诉讼参与人进行诉讼行为的期间，通常情况下不应任意变更，但遇到特殊情况，法院可依职权变更。</td></tr>
<tr><td colspan="2">计算方法</td><td colspan="3">1. 期间开始的时和日不计算在内；
2. 期间届满的最后一日是节假日的，以节假日的后第一日为期间届满日；
3. 期间不包括在途时间，诉讼文书在期满前交邮的，不算过期。</td></tr>
<tr><td colspan="2">期间的耽误与顺延</td><td colspan="3">情形：因不可抗拒的事由或者其他正当理由耽误期限。
程序：障碍消除后的 10 日内，当事人申请。
决定：法院决定。</td></tr>
</table>

背诵要点

1. 法定期间分为绝对不可变期和相对不可变期。

2. 期间届满最后一天是节假日的，期间届满日应当顺延到节假日后的第一个工作日。但期间开始或者期间中有节假日的，不能扣除。

3. 诉讼文书在途期间不计算在内，但当事人参加诉讼的在途期间则应当计算在内。

4. 因不可抗力耽误期限的，可以在障碍消除后的 10 日内申请法院顺延期限，期限的顺延需要当事人申请，法院不能依职权决定。

设题陷阱

1. 法定期间是不可变期间，指定期间是可变期间？

2. 当事人参加诉讼的在途期间不包括在期间内？

3. 当事人有正当理由耽误了期间，法院应当依职权为其延展期间？

4. 法定期间的开始日及期间中遇有节假日的，应当在计算期间时予以扣除？

5. 遇有特殊情况，法院可依职权变更原确定的指定期间？

分析：

1. 错误。
2. 错误。
3. 错误。顺延期限应当依申请。
4. 错误。
5. 正确。

考点二 送　　达

直接送达	直接送交受送达人或者与之同住的成年家属；法人、其他组织的法定代表人、主要负责人，或者负责收件的人；诉讼代理人；受送达人指定的代收人。 法院直接送达文书可以在当事人的住所以及住所外的其他地方，也可通知当事人到法院领取。
	注意：离婚诉讼中不得把文书送给在身份上既是与受送达人同住的成年家属，又是另外一方当事人的人签收。
留置送达	受送达人或者与之同住的成年家属拒绝签收，邀请受送达人所在单位或基层组织代表见证签字或者以拍照、摄像方式记录送达过程。
	注意：调解书不允许留置送达，但支付令可以留置送达。
委托送达	直接送达有困难的，可以委托其他法院代为送达。
转交送达	对军人、被监禁、被采取强制性教育措施的人，可以转交军队政治部门、监狱以及强制性教育机构送达。
邮寄送达	通过挂号信方式送达，以挂号信回执上注明的收件日期为送达日期。
电子送达	经受送达人同意，法院可以用传真、电子邮件等能够确认其收悉的方式送达文书，但判决书、裁定书、调解书除外。
公告送达	受送达人下落不明，或其他方式无法送达的。
	注意： 1. 支付令不能公告送达。 2. 适用简易程序审理的案件不能公告送达。

背诵要点

1. 直接送达可以直接向受送达人本人送达或者与之同住的成年家属送达；但离婚诉讼中不能将诉讼文书交由在身份上既是与受送达人同住的成年家属，又是另一方当事人的人签收。

2. 直接送达包括三种方式：

（1）到当事人住处送达文书；

（2）通知当事人到法院领取文书，当事人到达人民法院，拒绝签署送达回证的，视为送达。

(3) 在当事人住所地以外向当事人直接送达诉讼文书。当事人拒绝签署送达回证的，采用拍照、录像等方式记录送达过程即视为送达。

3. 调解书不适用留置送达的规定。

4. 支付令可以适用留置送达，但不能适用公告送达。

5. 简易程序不适用公告送达。

6. 电子送达要求经过受送达人同意且确保收悉，但判决书、裁定书、调解书不能适用电子送达。

7. 委托送达只能是委托其他法院代为送达；转交送达只能通过军队、监狱、强制性教育机构送达。

8. 邮寄送达的不论送达回证是否寄回，也不论寄回的送达回证上记载了什么日期，一律以邮局挂号信回执记载的收件日期为送达日期。

9. 支付令不准公告送达，简易程序不准公告送达。

设题陷阱

1. 法院向张三送达离婚判决书，张三不在家，由张三的妻子代为签收？

2. 法院向张三送达判决书，张三不在家，将判决书交给张三住所地居委会转交？

3. 法院向张三送达判决书，张三不在家，委托张三所在地派出所代为送达？

4. 法院向张三送达判决书，张三拒绝签收，邀请其住所地居委会主任到场见证并将判决书留在张三住所？

5. 法院向张三送达判决书，张三拒绝签收，将文书留置在其住所，用拍照、录像方式记录送达过程？

6. 法院通知当事人到法院领取诉讼文书，当事人到达法院，拒绝签署送达回证的，视为送达？

7. 法院通过邮寄方式向张三送达开庭传票，张三未寄回送达回证，送达无效，应当重新送达？

8. 经张三同意，法院用电子邮件方式向其送达证据保全裁定书？

9. 王五诉张三侵权纠纷，法院向张三送达开庭传票，张三的妻子李四签收；开庭时，张三不到庭，经查，张三离家出走多日，下落不明；法院应当公告送达文书？

分析：

1. 错误。

2. 错误。

3. 错误。

4. 正确。

5. 正确。

6. 正确。

7. 错误。应当以邮局挂号信回执记载的收件日期为送达日期。

8. 错误。判决书、裁定书、调解书不适用电子送达。

9. 错误。张三的妻子李四代为签收的行为有效，故本案已经合法途径向张三送达开庭传票，故张三属于经传票传唤没有正当理由拒不到庭，应当缺席判决。

PROJECT THIRTEEN

专题十三 调　解

原则	调解以自愿和合法为原则。	
范围	积极	1. 对于有可能通过调解解决的民事案件，应当调解。 2. 对于离婚案件，应当先行调解。 3. 对于简易程序审理的下列案件应当先行调解：婚姻家庭纠纷和继承纠纷，劳务合同纠纷，交通事故和工伤事故引起的权利义务关系较为明确的损害赔偿纠纷，宅基地和相邻权纠纷，合伙协议纠纷，诉讼标的额较小的纠纷。
	消极	1. 适用特别程序、督促程序、公示催告程序、破产还债程序审理的案件，不适用调解。 2. 婚姻、身份关系确认案件以及其他依案件性质不能调解的民事案件，不适用调解。
阶段	一审、二审、再审程序可以调解，执行程序不能调解。	
调解不公开	1. 调解过程不公开：法院审理民事案件，调解过程不公开，但当事人同意公开的除外。 2. 调解协议不公开：调解协议内容不公开，但为保护国家利益、社会公共利益、他人合法权益，法院认为确有必要公开的除外。（如公益诉讼中的和解、调解协议应当公告）	
调解协议	1. 调解协议超出诉讼请求的，可以准许。 2. 双方可以就不履行调解协议约定民事责任。 3. 调解协议约定一方不履行协议，另一方可以请求法院作出裁判的条款，不予准许。 4. 调解协议具有下列情形之一的，不予确认： （1）侵害国家、社会公共利益； （2）侵害案外人利益； （3）违背当事人真实意思； （4）违反法律、行政法规禁止性规定的。	
调解书的制作与生效	达成调解协议后，原则上应当制作调解书，经当事人签收后生效，当事人拒不签收调解书的，调解书不生效，法院应当及时判决。	

续表

<table>
<tr><td rowspan="2">调解书的制作与生效</td><td rowspan="2">可以不制作调解书</td><td>情形</td><td>1. 调解和好的离婚案件。
2. 调解维持收养关系的案件。
3. 能够即时履行的案件。
4. 当事人同意在调解协议上签字或盖章后即生效的。</td></tr>
<tr><td>结案方式</td><td>将协议内容记入笔录，当事人、审判人员、书记员签名或盖章后生效。
在情形 4 下，当事人、审判人员、书记员在调解协议上签名或者盖章后即具有法律效力，当事人请求制作调解书的，可以制作调解书送交当事人。当事人拒收调解书的，不影响调解协议的效力。</td></tr>
<tr><td>注意</td><td colspan="3">1. 当事人达成和解协议或经调解达成调解协议后请求法院据此制作判决书的，不予支持。但如下两种情形例外：
(1) 无民事行为能力人的离婚案件，法定代理人与对方达成协议要求发给判决书的，可根据协议内容制作判决书。
(2) 涉外民事诉讼中，经调解双方达成协议，应当制发调解书。当事人要求发给判决书的，可以依协议的内容制作判决书送达当事人。
2. 关于担保：协议约定一方提供担保或者案外人愿意提供担保的，应当准许；调解书应当列明担保人，担保人拒不签收调解书不影响调解书生效；担保的效力在符合《担保法》规定的条件时生效。
3. 关于无独立请求权第三人：
(1) 需要确定无独立请求权第三人承担义务的，应当经无独立请求权第三人同意，调解书应送达无独立请求权第三人，其拒不签收调解书的，调解书不生效，法院应当及时判决。
(2) 既不享有权利又不承担义务的无独立请求权第三人不签收调解书的，不影响调解书生效。</td></tr>
<tr><td>和解</td><td colspan="3">在诉讼中当事人可以自行达成和解协议。达成和解协议后，可以通过如下方式结案：
1. 请求依据和解协议制作调解书——对方当事人不履行的，可以强制执行。
2. 申请撤诉——撤诉后视为从未起诉，当事人可以再次起诉。</td></tr>
</table>

背诵要点

1. 调解的适用范围：一审、二审、再审程序可以调解，执行程序、特别程序、督促程序、公示催告程序不适用调解（即诉讼程序可以调解，其他程序不能调解）。

2. 婚姻、身份关系确认案件不适用调解，并不等于与身份有关的案件均不适用调解，如离婚诉讼属于与身份有关的案件，应当先行调解。

3. 调解过程不公开，当事人同意公开的除外；调解协议不公开，但法院为了保护国家、社会公共利益、他人合法权益，认为有必要公开的除外。

4. 调解协议可以超出原告诉讼请求，而判决不能超出原告诉讼请求，否则违反处分原则。

5. 调解协议可以约定不履行协议所要承担的民事责任，但不能约定一方不履行，另一方可以请求法院作出裁判的条款，因为违反一事不再理原则。

6. 诉讼中除无民事行为能力人的离婚案件以及涉外民事案件外，均不能根据调解、和解协议制作判决书；但仲裁中可以根据和解协议、调解协议的结果制作裁决书。

7. 调解书是否需要经过无独三签收一定要分情形讨论：如果无独三承担责任，调解书经其签收才生效；如果无独三不承担责任，调解书无需其签收。

8. 担保人不签收调解书，调解书依然对当事人产生约束力。但调解书对担保人是否产生约束力则需要看是否满足《担保法》规定的条件：如果满足，则对担保人产生约束力；如果不满足，则对担保人不产生约束力。

9. 关于调解书的制作：一审达成调解协议原则上应当制作调解书，但符合法定情形可以不制作调解书，通过调解协议或者调解笔录结案；但二审、再审中达成调解协议应当制作调解书结案，调解书送达后，原判决视为撤销。

10. 当事人达成和解协议后可以申请法院制作调解书结案，一方不履行，可以申请强制执行调解书；也可以撤回起诉结案，一方不履行，可以再次起诉。

总结与归纳

1. 调解书的制作：在一审中达成调解协议后原则上应当制作调解书，符合法定情形也可以通过调解协议、调解笔录结案；但在二审、再审中达成调解协议的，法院应当制作调解书，调解书送达后，原判决视为撤销。

2. 撤诉后能否再次起诉：在一审中撤回起诉后可以再次起诉；在二审、再审中撤回起诉后不得再次起诉。

设题陷阱

1. 调解一律以自愿和合法为前提？

2. 特别程序、督促程序、公示催告程序、执行程序不适用调解？

3. 与身份有关的案件不适用调解？

4. 小额诉讼程序审理的案件，法院应当先行调解？

5. 法院审理民事案件，调解过程不公开，但当事人同意公开的除外？

6. 调解协议内容不公开，但为保护国家利益、社会公共利益、他人合法权益，法院认为确有必要公开的除外？

7. 调解协议可以超出原告的诉讼请求？

8. 调解协议可以约定一方不履行债务所要承担的民事责任？

9. 调解协议可以约定一方不履行协议，对方当事人可以向法院起诉？

10. 当事人在诉讼中达成和解协议后可以申请法院制作调解书，对方不履行的，可以申请强制执行？

11. 当事人在一审中达成和解协议后可以申请撤诉，对方不履行的，可以再次起诉？

12. 当事人在诉讼中达成和解、调解协议的，可以申请法院制作判决书？

13. 法院制作的调解书均具有强制执行力？

14. 法院有权对确有错误的调解书启动再审？

15. 检察院认为调解书损害国家、社会公共利益的，有权提出抗诉或检察建议？

16. 当事人认为调解书违反自愿、合法原则的，可以申请再审？

17. 张三起诉李四要求归还借款本金 10 万和利息 5000，法院组织当事人达成调解协议，约定李四在调解书生效后 10 天内向张三支付本金 10 万，张三放弃利息的请求。同时约定案外人王五对该协议的履行承担担保责任。法院据此制作调解书，张三、李四签收了调解书，王五拒绝签收调解书。

（1）张三、李四签收后调解书即发生法律效力；

（2）调解书对王五具有拘束力？

（3）调解书对王五不具有拘束力？

分析：

1. 正确。

2. 正确。

3. 错误。身份关系的确认案件不适用调解。

4. 正确。小额诉讼程序符合适用简易程序审理的标的额较小的纠纷，应当先行调解。

5. 正确。

6. 正确。

7. 正确。

8. 正确。

9. 错误。

10. 正确。

11. 正确。

12. 错误。

13. 错误。

14. 正确。

15. 正确。

16. 正确。

17. （1）正确。只要当事人签收后调解书即生效。担保人拒不签收不影响调解书生效。

（2）错误。不一定，如果满足《担保法》规定条件，调解书对担保人有拘束力；如果不满足《担保法》规定的条件，调解书对担保人无拘束力。

（3）错误。分析同（2）。

PROJECT FOURTEEN

一审普通程序 专题十四

一审普通程序是民事审判程序中体系最完整、内容最丰富的程序，民事诉讼法的基本原则和基本制度在普通程序中有集中体现，其他审判程序审理案件时遇有本程序没有特别规定的，应当适用一审普通程序的相关规定进行审理。

考点一　起诉与受理

<table>
<tr><td>起诉条件</td><td colspan="2">1. 原告是与本案有直接利害关系的公民、法人和其他组织。（原告适格）
2. 有明确的被告。（明确，不要求被告适格）
3. 有具体的诉讼请求和事实、理由。（具体，不要求得到法院实体支持）
4. 属于法院受理的范围和受诉法院管辖。（主管和管辖正确）</td></tr>
<tr><td rowspan="3">起诉状</td><td>形式</td><td>书面为原则，但允许口头起诉。</td></tr>
<tr><td>内容</td><td>1. 当事人的有关情况。
2. 原告的诉讼请求，以及诉讼请求所依据的事实和理由。
3. 证据和证据来源，证人的姓名、住所等。
4. 受诉法院的名称、起诉的时间、起诉人签名或盖章。</td></tr>
<tr><td>注意</td><td>“案由”不是起诉状的法定内容。</td></tr>
<tr><td>法院的处理</td><td colspan="2">1. 符合起诉条件：7 日内立案并通知当事人。
2. 不符合起诉条件：7 日内裁定不予受理。（该裁定可上诉）
3. 受理后发现不符合起诉条件：裁定驳回起诉。（该裁定可上诉）</td></tr>
<tr><td rowspan="2">一事不再理</td><td>原则</td><td>当事人就已经提起诉讼的事项在诉讼中或者裁判生效后再次起诉，同时满足下列条件的，构成重复起诉，法院不予受理，已经受理的，裁定驳回起诉：
（1）后诉与前诉的当事人相同。
（2）后诉与前诉的诉讼标的相同。
（3）后诉与前诉的诉讼请求相同，或者后诉的诉讼请求实质上否定前诉的裁判结果。</td></tr>
<tr><td>例外</td><td>1. 对于裁定不予受理、驳回起诉的案件，原告再次起诉的，如果符合起诉条件，应予受理；当事人撤诉或法院按撤诉处理后，当事人以同一诉讼请求再次起诉的，法院应予受理。</td></tr>
</table>

续表

一事不再理	例外	2. 赡养费、扶养费、抚育费案件，裁判生效后，因新情况、新理由，一方当事人再行起诉要求增加或者减少费用的，法院应作为新案件受理。 3. 判决不准离婚和调解和好的离婚案件，判决、调解维持收养关系的案件，没有新情况、新理由，原告在6个月内起诉的，不予受理。 4. 当事人撤诉或者法院按撤诉处理的离婚案件，没有新情况、新理由，原告6个月内起诉的，不予受理。
起诉与受理的法律效果	起诉	诉讼时效中断。
	受理	1. 法院取得对案件的审判权：有权力也有义务对案件进行审理并作出判决。 2. 禁止重复起诉与受理：法院受理案件后，形成对案件的排他管辖权，其他法院不得重复受理，当事人也不能重复起诉。 3. 当事人诉讼地位确定：当事人取得原告或被告的法律地位，并据此享有相应的诉讼权利。

背诵要点

1. 关于起诉条件：（1）原告适格；（2）被告明确即可，不要求被告适格；（3）诉讼请求具体即可，不要求该请求一定能得到法律支持；（4）属于法院主管和受诉法院管辖。

2. 起诉状中没有“案由”的要求。

3. 一事不再理要求案件经过实体处理结案后，重复起诉不予受理，但：

（1）裁定不予受理、裁定驳回起诉、撤诉、按撤诉处理的案件没有经过实体处理，可以再次起诉；

（2）三费案件由于判决管的时间长，故允许以新情况、新理由再次起诉要求增加、减少费用，法院作为新案件受理；

（3）离婚没离成（包括判决不准离、调解和好，撤诉、按撤诉处理的离婚案件），原告在6个月内没有新情况新理由再次起诉离婚的，法院不予受理。即①原告6个月后再次起诉；②原告有新情况、新理由再次起诉；③被告再次起诉三种情形之下法院应当受理。

4. 重复起诉的判断标准：当事人就已经提起诉讼的事项在诉讼过程中或者裁判生效后再次提起诉讼，同时满足下列条件：

（1）后诉与前诉的当事人相同；

（2）后诉与前诉的诉讼标的相同；

（3）后诉与前诉的诉讼请求相同，或者后诉的诉讼请求实质上否定前诉的裁判结果三个条件。

注意：理解重复起诉标准的核心在于——防止出现或者可能出现相同或者相冲突的判决。

5. 起诉与受理的法律效果

（1）起诉仅仅导致诉讼时效中断的效果；

（2）受理后，法院取得案件审判权；受诉法院取得排他管辖权；当事人取得相应诉讼地位。

难点解读：裁定不予受理、裁定驳回起诉、判决驳回诉讼请求

1. 裁定不予受理和裁定驳回起诉是指原告的起诉在程序上不符合法定起诉条件，法院不进入实体审理。其中不予受理适用于受理之前，驳回起诉适用于受理之后。由于案件未经实体审理，当事人再次起诉符合法定条件的，应当受理。

2. 判决驳回诉讼请求是指原告的起诉在程序上符合起诉条件，法院依法受理后经过实体审理，认为其诉讼请求在实体上不能支持，故判决原告在实体上败诉。由于经过实体处理，当事人不能再次起诉，即一事不再理。例如：

（1）原告不适格，如甲公司起诉李某要求其向公司法定代表人张某赔礼道歉，法院应当裁定不予受理或者驳回起诉。

（2）被告不明确，如被告已于起诉前死亡，或者作为法人的被告已于起诉前注销等情形，法院应当裁定不予受理或者驳回起诉。

（3）案件不属于法院主管，如原、被告存在有效仲裁协议或者劳动纠纷未经仲裁直接起诉的，法院应当裁定不予受理或者驳回起诉。

（4）原告诉讼请求已过诉讼时效，此时原告起诉仍然符合起诉条件，法院应予受理，但受理后被告主张时效抗辩且查明无中止、中断事由的，原告的主张无法得到实体支持，法院应当判决驳回诉讼请求。

（5）原、被告恶意串通，企图通过诉讼方式侵犯他人合法权益，其在程序上符合起诉条件，法院应予受理，经审理，原告的主张不能得到实体支持，故判决驳回诉讼请求，且视情节轻重，予以罚款、拘留，构成犯罪的，追究其刑事责任。

设题陷阱

1. 普通程序是一审诉讼案件的审理程序？

2. 当事人起诉产生诉讼时效中断的法律效果？

3. 起诉后，法院取得对案件的审判权？

4. 起诉后，当事人诉讼地位即告确定？

5. 起诉将使法院取得排他管辖权，其他法院不得重复受理案件，当事人也不得重复起诉？

6. 起诉时，当事人不适格的，法院裁定不予受理？

7. 当事人超过诉讼时效起诉，法院不予受理？

8. 原告起诉被告要求赔偿青春损失费的，法院应予受理？

9. 法院向被告送达开庭通知时，发现被告已于起诉前死亡，应当裁定驳回起诉？

10. 法院受理案件前，发现被告（公司）已经注销，应当裁定不予受理？

11. 某案件曾经因为超过诉讼时效，法院判决驳回诉讼请求，原告起诉，法院应予受理？

12. 法院裁定驳回起诉的，原告再次起诉符合条件的，法院应予受理？

13. 法院按撤诉处理的，当事人以相同诉讼请求再次起诉的，法院应当受理？

14. 追索赡养费案件的判决生效后，有新情况、新理由，当事人起诉要求增加赡养费的，法院应予受理？

15. 判决不准离婚的案件，当事人没有新事实和新理由再次起诉的，法院一律不予受理？

16. 张三起诉李四要求确认合同有效，法院判决确认合同有效后，张三再次起诉李四请求确认合同有效，法院应当不予受理？

17. 张三起诉李四要求确认合同有效，法院判决确认合同有效后，李四再次起诉张三请求确认合同无效，法院应当不予受理？

18. 张三起诉李四要求履行合同，法院判决履行合同，张三再次起诉李四要求确认合同有效，法院应当不予受理？

19. 张三起诉李四要求履行合同，法院判决履行合同，李四再次起诉张三请求确认合同无效，法院应当不予受理？

分析：

1. 错误。普通程序是民事审判程序的范本，二审、再审等程序没有特别规定的，也要适用普通程序的规定。

2. 正确。

3. 错误。此为受理的法律效果，并非起诉的法律效果。

4. 错误。此为受理的法律效果，并非起诉的法律效果。

5. 错误。此为受理的法律效果，并非起诉的法律效果。

6. 错误。当事人分为原告、被告，原告不适格不符合起诉条件的，法院应裁定不予受理。但起诉条件不要求被告适格，故被告不适格的，法院依然应当受理，本题考查起诉条件中只要求被告明确，不要求被告适格。

7. 错误。

8. 正确。诉讼请求具体，符合起诉条件。

9. 正确。

10. 正确。

11. 错误。本案已经过实体处理（判决驳回诉讼请求），再次起诉的，不予受理。

12. 正确。

13. 正确。

14. 正确。

15. 错误。

16. 正确。后诉与前诉诉讼请求相同（完全相同），重复起诉。

17. 正确。后诉诉讼请求否定前诉裁判结果（完全否定），重复起诉。

18. 正确。前诉请求为给付，给付的请求当然包含确认的请求，后诉与前诉诉讼请求相同，重复起诉。

19. 正确。前诉判决结果为给付，给付当然包含确认合同有效，后诉诉讼请求否定前诉裁判结果，重复起诉。

考点二　庭前准备以及庭审程序要点

1. 庭前分流程序

（1）当事人没有争议，符合督促程序规定的条件的，可以转入督促程序；

（2）开庭前可以调解的，采取调解方式及时解决纠纷；

同时根据《民事诉讼法》第 122 条的规定，当事人起诉到人民法院的民事纠纷，适宜调解的，先行调解，但当事人拒绝调解的除外。可见，调解可以在立案审查时、立案后开庭前、庭审中进行。

（3）根据案件情况，确定适用简易程序或者普通程序；

（4）需要开庭审理的，通过要求当事人交换证据等方式，明确争议焦点。

2. 庭前证据交换的效力

（1）当事人在审理前的准备阶段认可的证据，经审判人员在庭审中说明后，视为质证过的证据。

（2）证人在人民法院组织双方当事人交换证据时出席陈述证言的，可视为出庭作证。

3. 开庭时应当由审判长核对当事人身份，宣布案由，告知审判人员、书记员名单以及申请回避的权利。

设题陷阱

开庭时由书记员核对当事人身份和宣布案由？

分析：错误。

考点三　撤诉与缺席判决

撤诉与按撤诉处理	主体	诉的原告。 注意：有独立请求权第三人可以撤回有独三之诉，反诉原告可以撤回反诉。
	决定权	法院
	按撤诉处理	经传票传唤没有正当理由拒不到庭、未经许可中途退庭、不预交受理费。 补充：原告是无民事行为能力人，其法定代理人经传票传唤无正当理由拒不到庭，或者未经许可中途退庭，可以按撤诉处理。

续表

撤诉与按撤诉处理	后果	1. 诉讼程序终结。 2. 诉讼时效重新开始计算。 3. 原告可再次起诉。
缺席判决	对象	非必须到庭的被告、无独立请求权第三人、反诉被告、申请撤诉未获批准的原告。
	条件	经传票传唤，无正当理由拒不到庭或者未经许可中途退庭。 补充：被告是无民事行为能力人，其法定代理人经传票传唤无正当理由拒不到庭，或者未经许可中途退庭，可以缺席判决。

设题陷阱

1. 齐某诉宋某，法院向宋某送达开庭传票，因被告宋某不在家，宋某的妻子代其签收了传票。开庭时，宋某离家出走，下落不明，法院应当裁定诉讼中止？

2. 原告经法院传票传唤，无正当理由拒不到庭的，或者未经法庭许可中途退庭的，可以按撤诉处理；被告反诉的，法院可以缺席判决？

3. 无民事行为能力人的离婚案件，当事人的法定代理人应当到庭，法定代理人不能到庭的，法院应当在查清事实的基础上，依法作出缺席判决？

4. 有独立请求权第三人经法院传票传唤，无正当理由拒不到庭的，或者未经法庭许可中途退庭的，法院可以缺席判决？

5. 无独立请求权第三人经法院传票传唤，无正当理由拒不到庭的，或者未经法庭许可中途退庭的，法院可以缺席判决？

分析：

1. 错误。宋某属于经传票传唤无正当理由拒不到庭，法院应当缺席判决。

2. 正确。

3. 正确。此处为司法解释明文规定，无民事行为能力人的离婚案件不论是原告的法定代理人还是被告的法定代理人不到庭的，均缺席判决。

4. 错误。应当按撤诉处理。

5. 正确。

考点四　诉讼障碍

延期审理	文书	决定
	情形	临时障碍，导致庭审无法如期进行，但诉讼仍然需要继续，推迟庭审。 1. 必须到庭的当事人和其他诉讼参与人有正当理由没有到庭。 2. 当事人临时提出回避申请。 3. 需要通知新的证人到庭，调取新的证据、重新鉴定、勘验或需要补充调查的。 4. 其他。

续表

诉讼中止	文书	裁定
	情形	较大障碍，导致诉讼是否需要继续进行、由谁继续诉讼、诉讼如何继续进行等存在不确定因素。 1. 一方当事人死亡，需要等待继承人表明是否参加诉讼的。 2. 一方当事人丧失诉讼行为能力，尚未确定法定代理人的。 3. 作为一方当事人的法人或者其他组织终止，尚未确定权利义务承受人的。 4. 一方当事人因不可抗拒的事由，不能参加诉讼的。 5. 本案必须以另一案的审理结果为依据，而另一案尚未审结的。 6. 其他应当中止诉讼的情形。
诉讼终结	文书	裁定
	情形	永久性障碍，导致诉讼无法继续进行。 1. 原告死亡，没有继承人或者继承人放弃诉讼权利。 2. 被告死亡，没有遗产也没有义务继承人。 3. 离婚案件一方当事人死亡。 4. 追索赡养费、扶养费、抚育费以及解除收养关系案件一方当事人死亡。

背诵要点

1. 延期审理适用于临时性障碍导致庭审无法如期进行，但推迟庭审之后诉讼能够继续进行。其文书是决定书。

2. 诉讼中止适用于诉讼中出现较大障碍，不仅导致本次庭审无法继续，诉讼是否需要继续、由谁继续、如何继续均不明了，将整个诉讼中止，等待障碍消除之后再行决定诉讼何去何从。其文书用裁定书。

3. 一般情形下当事人死亡应当诉讼中止，其目的在于等待继承人表明是否继续参加诉讼，但如果当事人死亡后没有继承人、继承人放弃权利或者没有遗产也没有义务承担人的，应当裁定诉讼终结。同时，离婚、追索三费案件、解除收养关系案件属于身份关系案件，由于身份关系不适用继承，所以无需等待继承人，直接裁定诉讼终结即可。故诉讼终结适用于当事人死亡，没有继承人、继承人放弃权利或者无遗产也无义务承担人的情形，以及不适用继承的身份关系案件。

设题陷阱

1. 甲起诉其子乙请求给付赡养费，经传票传唤，乙无正当理由未到庭，法院裁定延期审理？

2. 毛某与安某专利侵权纠纷一案，法庭审理过程中，发现需要重新进行鉴定，法院决定延期审理？

3. 甲、乙人身损害赔偿一案，甲在前往法院开庭的路上，胃病发作住院治疗，法院决定延期审理？

4. 杨某与赵某损害赔偿一案，杨某在去往法院开庭的路上，突遇车祸，被送至医院急救，法院遂决定中止诉讼？

5. 杨某与赵某合同纠纷一案，赵某在去往法院开庭的路上，突遇车祸，被送至医院急救，不省人事，法院裁定诉讼中止？

6. 原告在诉讼中因车祸成为植物人，在原告法定代理人没有确定期间，法院裁定中止诉讼？

7. 甲公司诉乙公司合同纠纷一案审理过程中，甲公司与其他公司合并，法院裁定诉讼终结？

8. 丙公司诉丁公司租赁纠纷一案，法院审理中，发现本案必须以另一案的审理结果为依据，而该案又尚未审结，遂裁定诉讼中止？

9. 张某诉孙某归还借款一案，诉讼中，孙某因盗窃被刑事拘留，法院裁定诉讼中止？

10. 张某将一条价值10万元的项链寄存在银行保险柜中，后该项链丢失，张某起诉银行，在诉讼过程中，银行的出纳员李某因为盗窃该项链被公安机关刑事拘留，进入刑事诉讼程序，法院裁定诉讼中止？

11. 张三死后，三个儿子张甲、张乙、张丙因为遗产继承纠纷起诉到法院，诉讼过程中，张丙因为涉嫌杀害邻居李四，被公安机关刑事拘留，法院裁定诉讼中止？

12. 张三死后，三个儿子张甲、张乙、张丙因为遗产继承纠纷起诉到法院，诉讼过程中，张丙因为涉嫌杀害张三，被公安机关刑事拘留，法院裁定诉讼中止？

13. 张三起诉李四合同纠纷，诉讼中张三死亡，张三的唯一继承人张小三下落不明，法院应当裁定诉讼终结？

14. 张三起诉李四合同纠纷，法庭辩论终结后第三天，张三遇车祸死亡，法院应当根据庭审结果依法作出判决？

15. 张三起诉李四离婚，诉讼中李四同意离婚。法庭辩论结束后第三天，张三遇车祸死亡，法院应当根据庭审结果以及当事人的认诺，依法判决解除婚姻关系。

16. 甲向法院起诉要求与乙离婚，一审法院判决准予离婚并对财产分割、子女抚养问题作出判决，乙对其中的财产分割问题不服提起上诉。在二审中，乙遇车祸死亡，法院裁定诉讼中止？

分析：

1. 错误。情形处理正确，但文书错误。

2. 正确。

3. 正确。

4. 错误。文书错误。

5. 正确。

6. 正确。

7. 错误。

8. 正确。

9. 错误。本案的审理与盗窃案的结果无关，应当继续审理。

10. 错误。本案的审理与盗窃案的结果无关，应当继续审理。

11. 错误。本案的审理与故意杀人案的结果无关，应当继续审理。

12. 正确。本案的审理需要以故意杀人案的结果为依据。

13. 错误。唯一继承人张小三下落不明并不意味着没有继承人，此时正因为张小三下落不明，才需要等待张小三的下落确定，需要等待张小三表明是否继续诉讼，应当裁定诉讼中止。

14. 错误。案件受理后，判决生效前均属于在诉讼中。故本案法庭辩论终结后依然是在诉讼中，属于诉讼中一方当事人死亡，需要等待继承人表明是否继续诉讼，法院应当裁定诉讼中止。

15. 错误。案件受理后，判决生效前均属于在诉讼中。故本案法庭辩论结束后依然是在诉讼中，属于诉讼中一方当事人死亡，同时本案属于离婚诉讼，诉讼中一方当事人死亡应当裁定诉讼终结。

16. 错误。不论一审还是二审，均属于诉讼中；不论解除婚姻关系还是财产分割、子女抚养，均属于离婚诉讼，本案属于离婚诉讼一方当事人死亡，法院应当裁定诉讼终结。

总结与归纳：当事人死亡的处理方式

<table>
<tr><th>死亡时间</th><th colspan="3">处理方式</th></tr>
<tr><td>被告于起诉前死亡</td><td colspan="3">起诉前被告死亡，即说明起诉时已经没有明确被告，故不符合起诉条件。故法院在受理前发现的应当裁定不予受理，在受理后发现的应当裁定驳回起诉。
1. 裁定不予受理。（受理前发现）
2. 裁定驳回起诉。（受理后发现）</td></tr>
<tr><td rowspan="2">诉讼中死亡</td><td>一般案件</td><td colspan="2">诉讼中止：
①如果有继承人继承权利，则变更当事人诉讼继续进行（当事人变更）；
②如果没有继承人或者继承人放弃权利，则诉讼终结。</td></tr>
<tr><td>身份关系</td><td colspan="2">诉讼终结。</td></tr>
<tr><td rowspan="3">执行中死亡</td><td>一般案件</td><td colspan="2">执行中止，等待继承人继承权利、承担义务。</td></tr>
<tr><td rowspan="2">追索赡养、扶养、抚育费案件</td><td>权利人死亡</td><td>执行终结。</td></tr>
<tr><td>义务人死亡</td><td>执行中止，等待遗产或者义务承担人。</td></tr>
</table>

设题陷阱

1. 张三起诉妻子李四离婚，法院向李四送达开庭传票时发现李四已于张三起诉前死亡，法院应当裁定诉讼终结？

2. 甲起诉乙追索赡养费，诉讼中，乙死亡，尚未确定权利义务继承人，法院应当裁定诉讼中止？

3. 在追索赡养、扶养、抚育费案件的执行中，一方当事人死亡的，法院应当裁定终结执行？

分析：

1. 错误。被告于起诉前死亡，属于起诉时没有明确被告，不符合起诉条件，应当裁定驳回起诉。

2. 错误。追索三费案件一方当事人死亡，直接裁定诉讼终结。

3. 错误。执行中，追索赡养、扶养、抚育费案件的权利人死亡才应当裁定执行终结。

考点五 文书公开

公众可以查阅发生法律效力的判决书、裁定书，但是涉及国家秘密、商业秘密、个人隐私的除外。

背诵要点

1. 查阅范围仅限判决书、裁定书，调解书不在查阅之列。
2. 生效的判决书、裁定书可以查阅，未生效的判决书、裁定书不能查阅。
3. 涉及国家秘密、商业秘密、个人隐私的不能查阅。

设题陷阱

公众可以查阅发生法律效力的判决书、裁定书、调解书，但涉及国家秘密、商业秘密、个人隐私的除外？

分析：错误。

总结与归纳：关于公开

审判公开	审判应当公开进行，但存在例外： 1. 法定不公开：国家秘密、个人隐私、其他案件。 2. 申请不公开：离婚诉讼、商业秘密。 不论是否公开审理，评议一律不公开，宣判一律公开进行。
公开质证	质证应当公开进行，但涉及国家秘密、商业秘密、个人隐私以及法律规定应当保密的证据不得在公开开庭时质证。
调解不公开	调解过程不公开，但当事人同意公开的除外；调解协议内容不公开，但为了保护国家、社会、他人合法权益，法院认为有必要公开的除外。
公众查阅文书	公众可以查阅发生法律效力的判决书、裁定书，但是涉及国家秘密、商业秘密、个人隐私的除外。
仲裁不公开	仲裁以不公开开庭审理为原则，当事人协议公开的可以公开，但涉及国家秘密的除外。

考点六 判决、裁定、决定

一、文书的适用

<table>
<tr><td rowspan="3">实体问题</td><td>重要的</td><td>判决</td><td>胜诉、败诉问题。</td></tr>
<tr><td rowspan="2">不重要的</td><td rowspan="3">裁定</td><td>如先予执行。</td></tr>
<tr><td rowspan="2">如财产、证据的保全，诉讼中止、终结，简易程序转普通程序等。</td></tr>
<tr><td rowspan="2">程序问题</td><td>重要的</td></tr>
<tr><td>不重要的</td><td>决定</td><td>如回避、延期审理、拘留、罚款等。</td></tr>
</table>

背诵要点

1. 一个案件的判决有多份，生效判决只有一份。
2. 一个案件的裁定有多份，生效裁定也有多份。

二、判决的宣告

1. 宣判应当公开进行，不论案件是否公开审理。
2. 宣告判决时应当告知当事人上诉权、上诉期限以及上诉法院。
3. 宣告离婚判决时应当告知双方当事人在判决生效前不得另行结婚。
4. 书面判决书的发放：当庭宣判的，应当在判决宣告后10日内发给书面判决书；定期宣判的，应当当庭发给判决书。
5. 裁判文书错误的纠正，一定要区分是瑕疵（文字错误、计算错误、笔误）还是实质错误。

（1）如果是笔误，下达裁定书补正；

（2）如果是实质内容错误区分当事人是否上诉：如果当事人上诉，报二审法院在二审中纠正；如果当事人没上诉，判决生效，启动审判监督程序处理。

设题陷阱

1. 判决解决民事实体问题，而裁定主要处理案件的程序问题，少数涉及实体问题？
2. 判决都必须以书面形式作出，某些裁定可以口头方式作出？
3. 一审判决都允许上诉，一审裁定有的允许上诉，有的不能上诉？
4. 财产案件的生效判决都有执行力，大多数裁定都没有执行力？
5. 宣告判决一律公开进行？
6. 宣判应当公开进行，宣告离婚判决时应当告知当事人判决生效前不得另行结婚？
7. 法院定期宣判的，应当在宣判后立即将判决书发给当事人？
8. 一审判决下达后，法院发现适用法律错误应当通过裁定书予以补正？
9. 一审判决下达后，法院发现判决书中关于赔偿数额的计算错误，应当下达裁定书补正？

10. 一审判决下达后，法院发现本院主动适用诉讼时效的做法错误，应当下达裁定书补正？

11. 二审判决下达后，法院发现本院认定事实错误，应当启动审判监督程序处理？

12. 一审判决下达后，被告认为本案适用法律错误，提起上诉，一审法院也认为本案法律适用错误。但被告逾期未缴纳上诉费，此时一审法院应当启动审判监督程序处理？

13. 一个案件的判决可能有多份，裁定也可能有多份？

14. 一个案件的生效判决可能有多份，生效裁定也可能有多份？

分析：

1. 正确。

2. 正确。

3. 错误。判决书存在一审终审的情形。裁定书中不予受理、驳回起诉和管辖权异议裁定可以上诉，其余不允许上诉。

4. 错误。有些财产案件的判决没有可供执行的内容，如判决驳回诉讼请求；有些裁定具有执行力，如先予执行裁定。

5. 正确。不论案件是否公开审理，宣判一律公开进行，评议一律不准公开。

6. 正确。

7. 正确。

8. 错误。

9. 正确。数字错误属于瑕疵，下达裁定书补正即可。

10. 错误。主动适用诉讼时效错误属于适用法律错误，不能下达裁定书补正；应当分情形处理：当事人上诉的报请二审法院处理；当事人不上诉的，启动审判监督程序处理。

11. 正确。认定事实错误属于实质的错误，此时二审判决作出即为生效判决，生效判决错误应当启动审判监督程序处理。

12. 正确。当事人逾期未缴纳上诉费，视为撤回上诉，撤回上诉的效果是一审判决生效。此时一审法院发现本院生效的一审判决适用法律错误，故应当启动审判监督程序处理。

13. 正确。

14. 错误。生效裁定可能有多份，但生效判决只有一份。

总结与归纳：提交答辩状期间、举证期限届满前、法庭辩论终结前、判决宣告前

提交答辩状期间	答辩或者提出管辖权异议。
举证期限届满前	与证据或证明有关的：举证、申请延长举证期限、申请（诉讼中）证据保全、申请法院调查收集证据、申请证人出庭、申请鉴定、申请有专门知识的人出庭、申请法院责令对方提交书证（文书提出命令）等。

续表

法庭辩论终结前	1. 申请回避； 2. 原告增加、变更诉讼请求，被告提出反诉，有独三参加诉讼； 3. 撤销自认。
判决宣告前	撤回起诉——一审判决宣告前；撤回上诉——二审判决宣告前。

提交答辩状期间——被告收到起诉状副本之日起15天之内。在提交答辩状期间，被告可以选择答辩，也可以选择提出管辖权异议。在提交答辩状期间，被告不提出管辖权异议，且应诉答辩的，受诉法院取得应诉管辖权。故提交答辩状或提出管辖权异议均应当在提交答辩状期间完成。

举证期限届满前——举证期限可以由法院确定，也可以由当事人协商一致后经法院准许。普通程序法院确定的举证期限不得少于15天，简易程序举证期限不得超过15天，小额诉讼程序举证期限一般不得超过7天。凡是与证据或证明有关的事情均在举证期限届满前完成——如举证、申请延长举证期限、申请（诉讼中）证据保全、申请法院调查收集证据、申请证人出庭、申请鉴定、申请有专门知识的人出庭、申请法院责令对方提交书证（文书提出命令）等。

法庭辩论终结前——法庭辩论终结意味着庭审结束，接下来就是合议庭的评议和宣判，故当事人需要提交法庭裁决的事情都应当在法庭辩论终结前完成，如原告增加、变更诉讼请求，被告提出反诉，有独三参加诉讼；当然申请回避以及撤销自认也应当在法庭辩论终结前提出。

判决宣告前——撤回上诉、撤回起诉。一审判决宣告前原告可以撤诉；二审判决宣告前上诉人可以撤回上诉。法院都宣告判决了，你说不告了？啥意思？逗法院玩儿呢！例外规定：公益诉讼中撤诉应当在法庭辩论终结前。

专题十五 PROJECT FIFTEEN 简易程序

考点一 简易程序的一般规定

<table>
<tr><td colspan="3">一、简易程序的适用</td></tr>
<tr><td>适用前提</td><td colspan="2">基层法院及其派出法庭审理的第一审民事案件。</td></tr>
<tr><td>消极条件</td><td colspan="2">以下案件不能适用简易程序：
1. 起诉时被告下落不明的。
2. 当事人一方人数众多的。
3. 发回重审的。
4. 适用审判监督程序再审的。
5. 涉及国家利益、社会公共利益的。
6. 第三人撤销之诉。
7. 其他不适用简易程序审理的案件。</td></tr>
<tr><td rowspan="2">程序启动</td><td>职权适用</td><td>基层法院及其派出法庭审理的事实清楚、权利义务关系明确、争议不大的简单民事案件，适用简易程序。</td></tr>
<tr><td>协议适用</td><td>基层法院及其派出法庭审理的上述规定以外的民事案件，当事人双方可以约定适用简易程序。
当事人约定适用简易程序审理的，应当在开庭前提出，且不得违反关于适用简易程序的禁止性规定。</td></tr>
<tr><td colspan="3">二、简易程序的特点</td></tr>
<tr><td>程序简化</td><td colspan="2">1. 传唤、送达方式简单：简易程序可以用电话、短信、传真、电子邮件等简便方式送达裁判文书以外的诉讼文书；但用简便方式送达开庭通知的，未经当事人确认或者其他证据证明当事人已经收到的，不得缺席判决。
2. 庭审方式灵活：可以简便方式进行审理前的准备，当事人双方可就开庭方式向法院提出申请，由法院决定是否准许。经当事人双方同意，可以采用视听传输技术等方式开庭。
3. 举证期限和答辩期灵活：适用简易程序案件的举证期限由法院确定，也可以由当事人协商一致并经法院准许，但不得超过 15 日。被告要求书面答辩的，法院可在征得其同意的基础上，合理确定答辩期间。
当事人双方均表示不需要举证期限、答辩期间的，法院可以立即开庭审理或者确定开庭日期。</td></tr>
</table>

续表

<table>
<tr><td>独任制</td><td colspan="2">由审判员一人独任审理。</td></tr>
<tr><td>审限</td><td colspan="2">3个月，到期后，双方当事人同意继续适用简易程序的，由本院院长批准，可以延长审理期限。延长后的审理期限累计不得超过6个月。</td></tr>
<tr><td>注重调解</td><td colspan="2">适用简易程序审理的六类案件应当先行调解：
婚姻家庭和继承纠纷，劳务合同纠纷，交通事故和工伤事故引起的权利义务关系较为明确的损害赔偿纠纷，宅基地和相邻权纠纷，合伙协议纠纷，诉讼标的额较小的纠纷。</td></tr>
<tr><td rowspan="3">程序的转化</td><td>普转简</td><td>已经按照普通程序审理的案件，在开庭后不得转为简易程序审理。</td></tr>
<tr><td>简转普</td><td>1. 当事人就案件适用简易程序提出异议，法院经审查，异议成立的，或者法院认为案情复杂需要转为普通程序审理的，裁定转为普通程序。
2. 转为普通程序前，双方当事人已确认的事实，可以不再进行举证、质证。
3. 简易程序转为普通程序的，普通程序的审限自立案之日起计算。</td></tr>
<tr><td colspan="2">背诵要点：
1. 文书：裁定书。
2. 审限的计算：自立案之日起计算。</td></tr>
</table>

背诵要点

1. 简易程序适用于基层法院及其派出法庭审理的第一审民事案件（既看审级，又看法院的级别）。

2. 当事人可以协议适用简易程序，但不得作出相反协议，即不得协议不适用简易程序而适用普通程序审理。

3. 简易程序由审判员一人独任审理，可以简化送达方式、审理方式，但庭审笔录不允许简化。

4. 关于简便方式送达文书问题：

（1）可以适用简便方式送达文书。

（2）可以适用简便方式送达开庭通知，但必须确保当事人收悉，否则不准缺席判决。

（3）不允许用简便方式送达裁判文书。

5. 适用简易程序审理案件过程中，发现不宜适用简易程序审理的，裁定转为普通程序，转为普通程序后，审限自立案之日起计算。

6. 由于简易程序不允许公告送达，故起诉时被告下落不明的案件（需要公告送达）不能适用简易程序审理。

法院适用简易程序审理的案件按照原告提供地址无法通知被告应诉的，分情形处理：

（1）原告提供了被告准确的送达地址，但法院无法向被告直接送达或者留置送达应诉通知书的，应当将案件转入普通程序审理（此时需要公告送达，故应当转为普通程序）；

（2）原告不能提供被告准确的送达地址，人民法院经查证后仍不能确定被告送达地址的，可以被告不明确为由裁定驳回原告起诉。

设题陷阱

1. 起诉时被告下落不明的案件不得适用简易程序审理？

2. 共同诉讼案件不得适用简易程序审理？

3. 发回重审或按审判监督程序审理的案件不得适用简易程序审理？

4. 公益诉讼案件不得适用简易程序审理？

5. 第三人撤销之诉案件不得适用简易程序审理？

6. 当事人可以协议适用简易程序审理案件？

7. 基层法院及其派出法庭审理的事实清楚、权利义务关系明确、争议不大的简单民事案件，当事人可以协议不适用简易程序审理？

8. 简易程序可以用简便方式传唤当事人和证人、送达裁判文书以外的文书、审理案件、进行审理前的准备等？

9. 简易程序开庭方式灵活，当事人双方可就开庭方式向法院提出申请，由法院决定是否准许。经当事人双方同意，可以采用视听传输技术等方式开庭？

10. 简易程序庭审笔录简便，可以不记录诉讼权利义务告知、原被告的诉辩意见等通常性程序内容？

11. 简易程序裁判文书简便，可以简化裁判文书的事实认定或判决理由部分？

12. 简易程序中当事人对案件事实无争议的，法院可不开庭径行判决？

13. 适用简易程序审理案件，通常应当一次开庭审结，当庭宣判？

14. 当事人就案件适用简易程序提出异议，法院审查认为异议成立的决定转为普通程序审理？

15. 简易程序转换为普通程序的，普通程序审限自转换之日起计算？

16. 张三起诉李四合同纠纷一案，法院适用简易程序审理过程中，用传真方式向双方当事人送达开庭传票，开庭时，李四未到庭，法院遂缺席判决，之后同样用传真方式向张三送达判决书，而李四下落不明，法院向其公告送达了判决书。请逐一评价本案法院的做法？

分析：

1. 正确。

2. 错误。当事人一方人数众多的案件不适用简易程序，并不代表共同诉讼案件不适用简易程序审理。但是如果表述为代表人诉讼（即共同诉讼一方当事人人数众多的案件）不适用简易程序则正确。

3. 正确。

4. 正确。公益诉讼原则上由中级法院管辖，不得适用简易程序审理；同时公益诉讼涉及公共利益，不能适用简易程序审理。

5. 正确。

6. 正确。

7. 错误。

8. 正确。

9. 正确。

10. 错误。庭审笔录不得简化，应当如实记录庭审全过程。

11. 正确。

12. 错误。一审必须开庭审理，不论简易程序还是普通程序。同时，二审原则上应当开庭审理，但合议庭经过阅卷认为没有新的事实理由提出，没有必要开庭审理的，可以不开庭审理。

13. 正确。

14. 错误。简易程序转普通程序的文书应当适用裁定书。

15. 错误。

16. 首先，简易程序中用传真方式送达开庭传票的做法正确；其次，缺席判决做法错误，用简易方式送达开庭通知的，未经当事人确认或者没有证据证明当事人收悉的，不能缺席判决；再次，用传真方式向张三送达判决书的做法错误，简易程序中不能用简易方式送达裁判文书；最后，公告方式向李四送达判决书的做法错误，简易程序不允许公告送达。

考点二　小额诉讼程序

适用条件	积极	基层法院及其派出法庭审理的事实清楚、权利义务关系明确、争议不大的民事案件，标的额为各省上年度就业人员年均工资30%以下的。 注意：海事法院审理海事、海商案件，符合条件也可以适用小额诉讼程序。
	消极	下列案件不得适用小额诉讼程序审理： 1. 人身关系、财产确权纠纷。(但身份关系清楚，仅在给付的数额、时间、方式上存在争议的赡养费、抚育费、扶养费纠纷可以适用小额诉讼程序审理) 2. 涉外民事纠纷。 3. 知识产权纠纷。 4. 需要评估、鉴定或者对诉前评估、鉴定结果有异议的纠纷。 5. 其他不宜适用一审终审的纠纷。
举证期限	小额诉讼案件的举证期限由法院确定，也可以由当事人协商一致并经法院准许，但一般不超过7日。 当事人到庭后表示不需要举证期限和答辩期间的，法院可立即开庭审理。	
裁判文书	小额诉讼裁判文书可以简化，主要记载当事人基本信息、诉讼请求、裁判主文等内容。(即可以省略认定事实和裁判理由部分)	
一审终审	适用小额诉讼程序审理的案件一审终审。(包括实体判决、驳回起诉和管辖权异议裁定)	

续表

再审	小额诉讼程序所作生效判决错误，当事人可以向原审法院申请再审，符合条件的，法院裁定再审，应当组成合议庭审理，所作判决为一审判决，但该判决能否上诉需要分情形讨论（视当事人申请再审的理由不同）： 1. 当事人认为法院适用小额诉讼程序审理的案件存在程序错误、事实证据错误、法律适用错误、审判人员徇私舞弊等情形而申请再审，法院认为理由成立的，应当裁定再审，组成合议庭审理。所作判决仍然适用一审终审，不得上诉。 2. 当事人一方以不应按小额诉讼程序审理为由向原审法院申请再审的，法院认为理由成立的，应当裁定再审，组成合议庭审理。所作判决不再适用一审终审，可以上诉。

背诵要点

1. 小额诉讼程序的适用条件：简易程序+标的额小。

2. 小额诉讼程序一审终审，包括实体判决、驳回起诉和管辖权异议裁定。

3. 小额诉讼程序生效判决可以再审。

（1）当事人向原审法院（即基层法院）申请再审。

（2）法院裁定再审后应当组成合议庭，适用一审程序审理，所作判决为一审判决。

（3）小额诉讼程序再审判决能否上诉，关键要视当事人申请再审的理由不同而分情形处理：

①当事人对法院适用小额诉讼程序审理无异议，只是认为审理过程中存在程序、事实认定、法律适用错误而申请再审的，法院裁定再审后适用一审程序重新审理，所作判决依然适用一审终审的规定，不得上诉。

②当事人以案件不应适用小额诉讼程序审理为由而申请再审的，法院裁定再审后适用一审程序重新审理，所作判决不再适用一审终审的规定，可以上诉。

总结与归纳：关于裁判文书

普通程序	当事人基本信息、诉讼请求、认定事实、裁判理由、裁判主文。
简易程序	符合法定情形的，可以对认定事实和裁判理由部分予以简化： 1. 当事人达成调解协议需要制作调解书。 2. 一方明确承认对方全部或者部分诉讼请求。 3. 涉及商业秘密、个人隐私的案件，当事人一方要求简化，法院认为理由正当的。 4. 当事人双方同意简化。
小额诉讼程序	主要记载当事人基本信息、诉讼请求、裁判主文内容，即省略认定事实和裁判理由部分。

设题陷阱

1. 小额诉讼程序应在开庭审理时先行调解？

2. 小额诉讼程序应开庭审理，但经过当事人书面同意后，可书面审理?

3. 小额诉讼程序一般应当庭宣判?

4. 小额诉讼程序应当一审终审?

5. 对小额诉讼程序的判决可以再审，法院裁定再审后，应当组成合议庭审理，所作判决一审终审，不得上诉?

6. 某县法院对张三诉李四借款纠纷一案适用小额诉讼程序审理后作出判决。后张三认为本案标的额远远超过小额诉讼程序的限制，向该县法院申请再审，法院认为理由成立，裁定再审后，应当组成合议庭审理，所作判决为一审判决，当事人可以上诉?

7. 某县法院受理了张三诉李四借款纠纷一案适用小额诉讼程序审理后作出判决。后来李四认为法院在本案审理中对借款事实的认定存在错误，向该县法院申请再审，法院认为理由成立，裁定再审后，应当组成合议庭审理，所作判决为一审判决，不得上诉?

分析：

1. 正确。因为小额诉讼程序属于适用简易程序审理的标的额较小的纠纷，应当先行调解。

2. 错误。一审必须开庭审理。

3. 正确。

4. 正确。小额诉讼程序中的实体判决、驳回起诉和管辖权异议裁定均一审终审。

5. 错误。对小额诉讼程序的再审应当分情形处理：如果当事人认为案件应当适用小额诉讼程序审理，但是审理中存在程序错误、认定事实、适用法律等错误、审判员徇私舞弊等情形，裁定再审后，应当组成合议庭审理，此时仍然应当适用一审终审的规定，所作判决不得上诉。但当事人以本案不能适用小额诉讼程序而法院错误适用小额诉讼程序审理为由申请再审，法院裁定再审后，应当组成合议庭审理，此时不再适用一审终审的规定，所作判决可以上诉。

6. 正确。当事人是以本案不能适用小额诉讼程序审理申请的再审。故法院适用一审程序重新审理后不再适用一审终审的规定，判决可以上诉。

7. 正确。当事人对法院适用小额诉讼程序审理案件并无异议，只是认为适用小额诉讼程序审理过程中的事实认定错误而申请再审，故法院裁定再审后，应当组成合议庭审理，此时依然符合一审终审的条件，判决不能上诉。

专题十六 PROJECT SIXTEEN 公益诉讼程序

考点一　公益诉讼

起诉主体	法律规定的机关和有关组织
起诉条件	1. 有明确的被告。 2. 有具体的诉讼请求。 3. 有社会公共利益受到损害的初步证据。 4. 属于法院受理民事诉讼的范围和受诉法院管辖。 注意：相较于普通民事案件的起诉条件而言，增加了初步证据的要求
管辖	侵权行为地或者被告住所地中级法院管辖。
审理组织	公益诉讼案件应当由法官和人民陪审员组成7人合议庭进行审理。（《人民陪审员法》第16条）
告知程序	法院受理公益诉讼案件后，应当在10日内书面告知相关行政主管部门行政主管部门采取措施维护公共利益，致使原告诉讼请求得以实现的，原告可以申请撤诉。
其他机关、组织参诉	1. 其他有权提起公益诉讼的组织可以在开庭前申请作为共同原告参加诉讼。 2. 公益诉讼裁判生效后，其他有权起诉的机关和组织再另行提起公益诉讼的，法院不予受理，但法律、司法解释另有规定的除外。
和解、调解	1. 公益诉讼案件，当事人可以和解，法院可以调解。 2. 和解、调解协议应当公告不少于30日。公告期满经审查： （1）不违反社会公共利益的，应当出具调解书。 （2）违反社会公共利益的，不予出具调解书，依法审理并作出裁判。 原告以达成和解协议为由向法院申请撤诉的，不予准许
反诉	公益诉讼中被告提出反诉的，法院不予受理
与普通民事诉讼的关系	法院受理公益诉讼案件，不影响同一侵权行为的受害人依法提起民事诉讼

背诵要点

1. 关于审理组织——公益诉讼案件应当由法官和人民陪审员组成7人合议庭审理。

考点补充：《人民陪审员法》（了解）

（1）陪审员可以参加 3 人合议庭，也可以参加 7 人合议庭。

（2）3 人合议庭可以由法官 1 人和陪审员 2 人组成，也可以由法官 2 人和陪审员 1 人组成；3 人合议庭中陪审员对事实认定、法律适用独立发表意见，行使表决权。

（3）7 人合议庭中由法官 3 人和陪审员 4 人组成；7 人合议庭中，对于事实认定问题，陪审员独立发表意见，并与法官共同表决；对于法律适用问题，陪审员可以发表意见，但不参加表决。

2. 法院受理公益诉讼案件后应当在 10 日内书面告知相关行政主管机关；行政主管机关采取措施致使原告诉讼请求全部实现的，原告可以申请撤诉。

3. 法院受理公益诉讼案件后，其他有权提起公益诉讼的机关和组织想要参加公益诉讼的，可以在开庭前申请作为共同原告。公益诉讼裁判生效后，其他有权提起公益诉讼的机关和组织另行提起公益诉讼的，法院不予受理。

4. 公益诉讼审理过程中以及裁判生效后，同一侵权行为的受害人可以依法向法院提起诉讼，但不得对公益诉讼裁判提出第三人撤销之诉。

5. 公益诉讼案件可以适用调解、和解的规定，因为和解、调解协议涉及公共利益，所以应当公告。但不允许因为达成和解协议而申请撤诉。

6. 公益诉讼中原告在法庭辩论终结前可以撤诉，但不允许被告提出反诉。

设题陷阱

某化工厂排污污染河流，严重损害当地生态环境，同时致使河流沿岸养殖户张某的鱼虾大量死亡；当地甲环保组织提起公益诉讼，人民法院依法受理了本案，关于本案，判断如下表述：

（1）本案法院不得适用简易程序审理？

（2）人民法院应当依法由审判员 3 人和人民陪审员 4 人组成合议庭审理？

（3）对本案审理中的事实认定问题人民陪审员独立发表意见，参与表决；对于法律适用问题人民陪审员可以发表意见，但不参与表决？

（4）本案法院可以依职权调查收集证据？

（5）法院受理本案后应当在 10 日内书面告知环保行政机关？

（6）法院受理案件后，当地有权提起公益诉讼的乙环保组织可以另案起诉？

（7）诉讼中，环保行政机关依法采取措施维护公共利益，致使环保组织的诉讼请求完全实现的，甲环保组织可以申请撤诉？

（8）本案法院可以组织双方当事人调解，达成调解协议的，调解协议应当公告，公告期满，法院认为不损害公共利益的，应当出具调解书结案？

（9）本案甲环保组织如果与该化工厂达成和解协议，可以撤回起诉？

（10）诉讼中，化工厂可以对甲环保组织提起反诉？

（11）本案裁判生效后，张某可以另行提起侵权损害赔偿诉讼？

（12）本案裁判生效后，张某认为裁判侵犯其合法权益可以提起第三人撤销之诉？

分析：

（1）正确。公益诉讼涉及公共利益，不得适用简易程序审理。

（2）正确。

（3）正确。

（4）正确。

（5）正确。

（6）错误。其他有权提起公益诉讼的机关、组织可以在开庭前申请作为共同原告参加诉讼。在公益诉讼裁判生效后，其他机关、组织提起公益诉讼的，法院不予受理。

（7）正确。

（8）正确。

（9）错误。公益诉讼中允许撤诉，但不允许因为达成和解协议而撤诉。公益诉讼中达成和解、调解协议的，唯一结案方式是公告，公告后认为不损害公共利益的依法出具调解书，认为损害公共利益的及时审理并作出判决。

（10）错误。公益诉讼中不允许提起反诉。

（11）正确。

（12）错误。同一侵权行为的受害人对公益诉讼生效裁判不能提起第三人撤销之诉，应当另行起诉。

考点二　检察机关提起公益诉讼的特殊规定

起诉条件	检察院在履行职责中发现破坏生态环境和资源保护、食品药品安全领域侵害众多消费者合法权益等损害社会公共利益的行为，在没有法律规定的机关和组织或者法律规定的机关和组织不提起诉讼的情况下，可以提起公益诉讼。法律规定的机关或者组织提起诉讼的，检察院可以支持起诉。
诉前公告	检察院拟提起公益诉讼的，应当依法公告，公告期间为30日。 公告期满，法律规定的机关和有关组织不提起诉讼的，检察院可以向人民法院提起诉讼。
起诉主体与管辖法院	由市级检察机关以公益诉讼起诉人的身份提起诉讼，由被告住所地、侵权行为地中院管辖。
撤诉	民事公益诉讼案件审理过程中，因检察院诉讼请求全部实现而撤回起诉的，法院应予准许。
上诉和二审	检察院不服人民法院第一审判决、裁定的，可以向上一级法院提起上诉二审中，由提起公益诉讼的检察院派员出庭，上一级检察院也可以派员参加。
移送执行	检察院提起公益诉讼案件判决、裁定发生法律效力，被告不履行的，法院应当移送执行。

背诵要点

1. 检察机关提起公益诉讼应当具有补充性，即只有在没有法律规定的机关、组织，或者法律规定的机关、组织不提起公益诉讼的情形下，检察院才能起诉；法律规定的机关、组织提起公益诉讼的，检察院只能支持起诉。

2. 为了确保检察机关提起公益诉讼的补充性，检察机关在提起公益诉讼前应当进行诉前公告，公告期满，法律规定的机关、组织没有提起公益诉讼的，检察院可以提起公益诉讼。

3. 检察机关的诉讼地位为公益诉讼起诉人，其地位类似于原告方当事人，故：

（1）启动二审的方式为上诉，理由为不服一审判决；

（2）由原提起公益诉讼的检察院派员出席二审法庭，当然，上一级检察院也可以派员出庭。

专题十七 PROJECT SEVENTEEN 第三人撤销之诉

概念	（有独三、无独三）因不能归责于本人的事由未参加诉讼，但有证据证明发生法律效力的判决、裁定、调解书的部分或者全部内容错误，损害其民事权益的，可以自知道或者应当知道其权益受到损害之日起6个月内向作出该生效判决、裁定、调解书的法院起诉，要求撤销、改变原生效判决、裁定、调解书。	
起诉与受理	审查	法院应当在收到起诉状和证据材料之日起5日内送交对方当事人（原审双方当事人），对方当事人可以自收到起诉状之日起10日内提出书面意见。 法院应当对第三人的起诉材料以及对方当事人的书面意见进行审查，必要时，可以询问双方当事人。
	受理	1. 符合起诉条件，收到起诉状之日起30日内立案。 2. 不符合起诉条件，收到起诉状之日起30日内裁定不予受理。 3. 受理后发现不符合起诉条件，裁定驳回起诉。
	不予受理的情形	对下列情形提起第三人撤销之诉的，法院不予受理： 1. 适用特别程序、督促程序、公示催告程序、破产程序等非讼程序处理的案件。 2. 婚姻无效、撤销或者解除婚姻关系等判决、裁定、调解书中涉及身份关系的内容。 3. 人数不确定的代表人诉讼中，未参加登记的权利人对代表人诉讼案件的生效裁判。 4. 公益诉讼中，损害社会公共利益行为的受害人对公益诉讼案件的生效裁判。
审理方式	开庭审理	第三人撤销之诉，法院应当适用一审普通程序，组成合议庭，开庭审理。
	当事人诉讼地位	1. 提起撤销之诉的第三人为原告。 2. 原审的原告、被告、有独三是第三人撤销之诉的被告。 3. 原审无独三应当分情形讨论： （1）原判决中承担责任的无独三为被告； （2）原判决中不承担责任的无独三为第三人。
	中止执行	1. 法院受理第三人撤销之诉案件后，原告提供相应担保，请求中止执行的，法院可以准许。

续表

<table>
<tr><td>审理方式</td><td>中止执行</td><td colspan="3">2. 第三人提起撤销之诉后，该第三人以案外人身份向执行法院提出案外人对执行标的的异议成立的，裁定中止执行。</td></tr>
<tr><td>判决结果</td><td colspan="4">对第三人撤销或者部分撤销发生法律效力的判决、裁定、调解书内容的请求，法院经审理，按下列情形分别处理：
1. 请求成立且确认其民事权利的主张全部或部分成立的，改变原判决、裁定、调解书内容的错误部分。
2. 请求成立，但确认其全部或部分民事权利的主张不成立，或者未提出确认其民事权利请求的，撤销原判决、裁定、调解书内容的错误部分。
3. 请求不成立的，驳回诉讼请求。
原判决、裁定、调解书的内容未改变或者未撤销的部分继续有效。</td></tr>
<tr><td>救济</td><td colspan="4">对第三人撤销之诉的判决不服的，当事人可以上诉。</td></tr>
<tr><td rowspan="4">与再审的关系</td><td rowspan="2">原则</td><td rowspan="2">再审优先，将第三人的诉讼请求并入再审程序</td><td>适用一审程序再审的</td><td>将第三人诉讼请求并入再审程序一并审理，并作出判决。</td></tr>
<tr><td>适用二审程序再审的</td><td>对第三人诉讼请求可以调解，调解不成，撤销原判，发回一审法院重审。</td></tr>
<tr><td>例外</td><td colspan="3">原审当事人恶意串通损害第三人合法权益的，先行审理第三人撤销之诉，中止再审程序。</td></tr>
<tr><td colspan="4">总之，第三人撤销之诉和再审的目的一致（都是为了纠正生效裁判的错误），故二者只能择一进行，不能并存。</td></tr>
</table>

背诵要点

1. 离婚诉讼的生效判决中仅仅是对解除婚姻关系部分不能提出第三人撤销之诉，对于其中的财产分割等内容可以提出第三人撤销之诉。

2. 第三人撤销之诉应当由作出原生效裁判的法院管辖。

3. 第三人撤销之诉是以起诉的第三人为原告，以原审当事人为被告而提起的一个新的诉，诉讼请求是撤销、改变原生效裁判，即撤销、改变原生效裁判确立的权利义务关系，故为一个形成之诉（变更之诉）。

4. 对第三人撤销之诉，法院应当适用一审普通程序审理（不得适用简易程序），所作判决为一审判决，当事人可以上诉。

5. 第三人撤销之诉应当以起诉的第三人为原告，原审原告、被告、有独三为被告；原审无独三应当分情形：原审承担责任的无独三为被告，原审不承担责任的无独三为第三人。

6. 在第三人撤销之诉审理期间，该第三人可以通过提供担保或者向执行法院提出案外人对执行标的的异议的方式请求中止原生效裁判的执行。

7. 第三人撤销之诉与再审的关系。

（1）第三人撤销之诉与再审目的相同，故不能同时进行，只能择一进行；

（2）提出第三人撤销之诉与申请再审的主体不同：提出第三人撤销之诉的主体是本应作为有独三、无独三的人；而申请再审的主体为原审的当事人以及本应作为原审共同原告、共同被告的人。

（3）本应作为有独三、无独三的人认为原生效判决侵犯自身合法权益，可以提出第三人撤销之诉。但此时难免出现原审当事人申请再审、法院依职权启动再审或者检察院抗诉或者提出检察建议进而导致法院裁定再审。此时第三人撤销之诉与再审竞合，应当做如下处理：

①原则上再审优先，将第三人诉讼请求并入再审程序，此时需要分情形处理：适用一审的再审，将第三人诉讼请求并入再审程序一并审理；适用二审的再审，将第三人诉讼请求并入调解，调解不成撤销原判发回重审。

②如果原审当事人恶意串通损害第三人利益的，先行审理第三人撤销之诉，而中止再审程序。

设题陷阱

1. 离婚诉讼的生效判决不能提出第三人撤销之诉？

2. 第三人撤销之诉的客体是生效的民事判决、裁定、调解书？

3. 第三人撤销之诉是形成之诉？

4. 第三人撤销之诉应当由原审的上一级法院管辖，但当事人人数众多或者双方都是公民的案件应当由原审法院管辖？

5. 第三人撤销之诉应当以起诉的第三人为原告，原审原告、被告、有独三为被告，原审无独三为第三人？

6. 李四欠张三 20 万元无力偿还，但李四对案外人王五享有 20 万到期债权，故张三向甲县法院代位起诉王五，法院追加李四为第三人。在诉讼中，张三和王五达成调解协议，约定王五将一副古字画交付给张三，用以清偿债务，甲县法院依法制作调解书送达当事人。调解书生效后，赵六对字画主张权利，向甲县法院提出第三人撤销之诉，应当以张三、李四、王五为被告？

7. 法院对第三人撤销之诉应当组成合议庭，开庭审理，但事实清楚，合议庭认为不需要开庭审理的除外？

8. 原生效判决是一审作出的，法院对第三人撤销之诉应当适用一审程序审理，所作判决可以上诉；原生效裁判是二审作出的，法院应当适用二审程序审理，所作判决为终审判决？

9. 法院受理第三人撤销之诉后，应当裁定中止原判决、裁定、调解书的执行？

10. 甲公司、乙公司关于某处厂房买卖合同发生纠纷，经广州市海珠区人民法院作出一审判决后双方当事人均未上诉。判决生效后，丙公司发现该判决侵犯自身合法权益，提起第三人撤销之诉。

（1）在第三人撤销之诉审理过程中，甲公司申请再审，法院裁定再审后，法院应当将丙公司诉讼请求并入再审程序一并审理？

（2）在第三人撤销之诉审理过程中，检察院认为原判决适用法律错误，提出抗诉，法院裁定再审后，应当将丙公司的诉讼请求并入再审程序一并审理？

分析：

1. 错误。仅仅是对婚姻无效、撤销或者解除婚姻关系等判决、裁定、调解书中涉及身份关系的内容不能提出第三人撤销之诉，故离婚诉讼判决中解除婚姻关系部分不能提出第三人撤销之诉，但对于其中财产分割等部分可以提出第三人撤销之诉。

2. 正确。

3. 正确。

4. 错误。第三人撤销之诉一律由作出生效裁判的法院管辖。

5. 错误。原审承担义务的无独三应当作为被告，原审不承担义务的无独三为第三人。

6. 错误。本案原审张三是原告、王五是被告，而李四是无独三（法院追加的第三人肯定是无独三，有独三只能以起诉方式参加诉讼，法院不能追加）。调解书生效后，赵六提出第三人撤销之诉，赵六为第三人撤销之诉的原告，原审的原告张三、被告王五为第三人撤销之诉的被告。问题是原审无独三李四在第三人撤销之诉的地位如何，此时需要讨论在原生效调解书中无独三李四是否承担责任——如果在原生效调解书中李四承担责任，则在第三人撤销之诉中李四应当作为被告；如果在原生效调解书中李四不承担责任，则在第三人撤销之诉中李四应当作为第三人。显然，原生效调解书约定王五将字画交付给张三以清偿债务，该调解书并未要求李四承担责任，则在第三人撤销之诉中，李四应当作为第三人，不能作为被告。

7. 错误。法院审理第三人撤销之诉应当组成合议庭，适用一审普通程序，开庭审理。一审程序必须开庭审理。

8. 错误。法院审理第三人撤销之诉应当适用一审普通程序，所作判决可以上诉。

9. 错误。法院受理第三人撤销之诉后，只有在第三人提供担保或者向执行法院提出案外人对执行标的的异议，且法院认为异议成立的，才应当裁定中止执行。

10. （1）错误。本案双方当事人都是法人，不存在一方人数众多或者双方都是公民，故应当向广州中院申请再审。因当事人申请而裁定再审的案件应当由中级以上法院审理，故本案裁定再审后应当由广州中院重新审理，原来是基层法院审，现在是中院审，为提审，应当适用二审程序审理。将第三人的诉讼请求并入再审程序的，应当视适用一审还是二审程序重新审理而区别处理：如果是适用一审的再审，将第三人诉讼请求并入后一并审理，如果是适用二审的再审，将第三人诉讼请求并入后只能调解，调解不成的，撤销原判，发回重审。本案适用二审的再审，故应当将第三人的诉讼请求并入再审中调解，调解不成的，撤销原判，发回重审。

（2）错误。检察院抗诉应当是由广州市检察院向广州中院抗诉，本案并非基于事实或者证据问题抗诉，应当由接受抗诉的法院提审，故本案应当由中院提审，适用二审程序重新审理。故应当将第三人的诉讼请求并入再审中调解，调解不成的，撤销原判，发回重审。

在本题中值得注意的是，反复强调看到再审的第一反应——有可能适用一审的再审还是有可能是适用二审程序的再审，一定要将这个问题分清楚再做判断。

PROJECT EIGHTEEN

二审程序 专题十八

考点一 二审的启动与审理

上诉主体	本案当事人——原告、被告、有独三、判决承担义务的无独三。 注意： 1. 无独三能否上诉关键看其是否承担义务：承担义务的无独三有权上诉，不承担义务的无独三不能上诉。 2. 委托代理人需要特别授权才能代为提起上诉。
上诉的对象	未生效的判决书、裁定书。（一审判决和不予受理、驳回起诉、管辖权异议三类裁定）
	总结：下列情形一审终审，不得上诉： 1. 最高法院的一审判决、裁定书； 2. 调解书； 3. 一般的裁定书；（不予受理、驳回起诉、管辖权异议裁定除外） 4. 特别程序、督促程序、公示催告程序的判决、裁定书； 5. 小额诉讼程序；（包括其实体判决、驳回起诉和管辖权异议裁定） 6. 有关婚姻效力的判决。（《婚姻法解释（一）》的规定）
上诉期	判决 15 天，裁定 10 天；自送达之日起计算。
形式	书面上诉状；口头上诉无效。
二审当事人诉讼地位	谁上诉，谁是上诉人；对谁提，谁是被上诉人；都上诉的，都是上诉人，没有被上诉人。
	共同诉讼中，关键看上诉人对一审判决中自己与谁之间的权利义务关系不满，则以其为被上诉人，未涉及的其他当事人按照原审地位列明。
审判组织	由审判员组成合议庭审理。
审理范围	二审法院应当围绕当事人的上诉请求进行审理。
审理形式	1. 原则：开庭审理。 2. 例外：经过阅卷和调查，询问当事人，对没有提出新的事实、证据或者理由，合议庭认为不需要开庭的，可以不开庭审理。

背诵要点

1. 上诉必须提交书面上诉状，口头上诉无效。

2. 二审原则上应当开庭审理，但符合法定情形的可以不开庭审理。对比：一审必须开庭审理。

3. 有关婚姻效力的判决一审终审仅指判决确定婚姻有效、无效，而离婚诉讼的判决可以上诉。

4. 二审中当事人的诉讼地位问题，一定将一审判决和上诉人的上诉请求对比，看上诉人对一审判决中自己与谁的权利义务关系不满就将谁列为被上诉人。

5. 二审围绕当事人上诉请求进行审理，当事人没有提出请求的不予审理，但一审判决违反法律禁止性规定或者损害国家、社会公共利益、他人合法权益的除外（此处体现了民事诉讼二审法院尊重当事人处分权与维护判决的权威之间的平衡）。

技术流：在复杂当事人的情形下如何判断被上诉人

例 1：甲、乙、丙三人共同致张三身体伤害，张三起诉甲、乙、丙三人，一审法院判决甲赔偿2万，乙赔偿1万，丙赔偿5千。甲不服该一审判决，上诉请求改判自己向张三赔偿 1 万元。请分析本案二审当事人诉讼地位？

例 2：甲、乙、丙三人共同致张三身体伤害，张三起诉甲、乙、丙三人，一审法院判决甲赔偿2万，乙赔偿1万，丙赔偿5千。甲不服该一审判决，认为丙赔偿数额过低。请分析本案二审当事人诉讼地位？

例 3：甲在某报发表文章对乙和丙的名誉进行了毁损。乙和丙以甲及报社共同侵害了他们的名誉权为由提起诉讼，要求甲及报社赔偿精神损失并公开赔礼道歉。一审判决甲向乙和丙赔偿 1 万元，报社赔偿 3 万元，并责令甲及报社在该报上书面道歉。报社提起上诉，请求二审法院改判甲和自己各承担 2 万元，以甲的名义在该报上书面道歉。本案二审当事人诉讼地位如何确定。

例 4：甲对乙享有 10 万元到期债权，乙无力清偿，且怠于行使对丙的 15 万元债权，甲遂对丙提起代位权诉讼，法院依法追加乙为第三人。一审判决甲胜诉，丙应向甲给付 10 万元。乙、丙均提起上诉，乙请求法院判令丙向其支付剩余 5 万元债务，丙请求法院判令甲对乙的债权不成立。本案二审当事人诉讼地位如何确定？

一招制敌

直接找到上诉人的上诉请求，假设上诉人的上诉请求完全成立，即二审法院直接根据上诉请求作出改判。此时相对于一审判决而言，谁会受到损失谁就是被上诉人。不会受到损失的人按照原审地位列明。

例 1：甲为上诉人，张三为被上诉人，乙、丙为原审被告。一审判决是甲、乙、丙分别向张三赔偿 2 万、1 万、5 千；甲的上诉请求是改判自己向张三赔偿 1 万，假设其上诉请求成立，此时在一审中张三能得到 2+1+0. 5 = 3. 5

万元，而二审改判后，张三能得到1+1+0.5=2.5万元，张三会受到损失，张三为被上诉人；而如此改判不会对乙、丙带来任何不利影响，乙、丙按照原审地位列明，为原审共同被告。

例2：甲是上诉人，丙是被上诉人，张三是原审原告，乙是原审被告。一审判决是甲、乙、丙分别向张三赔偿2万、1万、5千；甲的上诉请求是认为一审判决中丙的赔偿数额过低，假设其上诉请求成立，二审法院势必改判增加丙的赔偿数额，丙会受到损失，丙为被上诉人。如此改判并不会导致张三和乙受到损失，故张三和乙按照原审地位列明，张三为原审原告，乙为原审被告。

例3：报社是上诉人，甲、乙、丙均是被上诉人。一审判决是甲向乙、丙赔1万，报社向乙、丙赔3万；甲向乙、丙道歉，报社向乙、丙道歉。报社有两个上诉请求，一是要求改判甲和自己各赔偿2万元，二是要求改判甲向乙、丙道歉。假设第一个上诉请求成立，一审判决中甲要赔偿1万，二审改判后，甲要赔2万，甲的义务加重，甲会受到损失；而一审中乙、丙共计得到4万的赔偿，改判后仍然会得到4万赔偿，故该上诉请求与乙、丙无关；假设第二个上诉请求成立，甲在一审判决中需要赔礼道歉，二审改判后仍然要赔礼道歉，故该上诉请求与甲无关；在一审判决中乙、丙能得到甲和报社的道歉，二审改判后乙、丙只能得到甲的道歉而不再会得到报社的道歉，故该上诉请求会使得乙、丙受到损失。综上所述，假设报社的两项上诉请求均成立，则相对于一审判决而言，甲、乙、丙均会受到损失，均列为被上诉人。

例4：丙是上诉人，甲是被上诉人，乙是原审无独三。本题甲是原告，丙是被告，乙是无独三（法院追加乙参加诉讼，故乙是无独三，因为有独三只能以起诉的方式参加诉讼，法院不能追加）。一审判决丙向甲支付10万，显然无独三乙不承担责任，其没有上诉权，故乙的上诉无效，乙不能成为上诉人。丙上诉，丙为上诉人。一审判决丙向甲支付10万，丙的上诉请求是改判甲对乙的债权不成立。假设丙的上诉请求成立，二审法院改判甲对乙的债权不成立，显然相对于一审判决而言，甲的债权丧失了，甲会受到损失，甲为被上诉人。而该改判使得乙的债务消灭，债务消灭显然对乙是有利的，乙不会受到损失，乙不是被上诉人，按照原审地位列名。故本案丙是上诉人，甲是被上诉人，乙是原审无独三。

设题陷阱

1. 张三起诉李四离婚，法院经过审理查明，张三和李四是表兄妹，判决确认婚姻关系无效。该判决一审终审？

2. 张三起诉李四离婚，法院经过审理认为夫妻感情确已破裂，判决解除婚姻关系。该判决一审终审？

3. 上诉应当提交书面上诉状，确有困难的，可以口头上诉？

4. 二审既可能因为当事人上诉而发生，也可能因为检察院的抗诉而发生？

5. 二审案件应当由审判员组成合议庭进行审理？

6. 二审案件的审理，以开庭审理为原则，特殊情况下可以不开庭审理？

7. 二审既是事实审，又是法律审?

8. 二审案件的审理，遇有二审程序没有规定的情形，应当适用一审普通程序的相关规定?

9. 乙、丙共同致甲受伤，甲起诉乙、丙要求赔偿医疗费和精神抚慰金，一审法院判决乙向甲赔偿医疗费 1 万，精神抚慰金 5000 元；丙向甲赔偿医疗费 3 万。丙对医疗费的分配方案不服，上诉，请求改判由自己与乙各向甲赔偿医疗费 2 万。二审法院认为一审关于医疗费的认定和责任分配符合法律规定，但是关于精神抚慰金的判决缺乏事实基础，且没有法律依据。

问题一：分析本案二审当事人诉讼地位?

问题二：二审法院应当如何处理?

分析：

1. 正确。判决确认婚姻无效，是有关婚姻效力的判决，一审终审。

2. 错误。离婚判决并不是有关婚姻效力的判决，适用两审终审，可以上诉。

3. 错误。上诉必须书面。

4. 错误。民诉中哪来的检察院二审抗诉，这是刑诉!

5. 正确。合议庭、审判员。独任不行，陪审员不行。

6. 正确。

7. 正确。

8. 正确。

9. 问题一：丙为上诉人，乙为被上诉人，甲为原审原告。判断二审当事人的诉讼地位，假设上诉人丙的上诉请求成立，二审法院直接改判丙和乙各向甲赔偿医疗费 2 万，一审判决中乙应当赔偿 1 万，改判后要要赔 2 万，乙的义务加重，乙有损失，乙是被上诉人；对甲而言，一审判决中甲可以获得 1+3=4 万的赔偿，改判后甲可以获得 2+2=4 万的赔偿，甲没有损失，按照原审地位列明，为原审原告。

问题二：二审法院应当判决驳回上诉，维持原判。虽然关于精神抚慰金的判决错误，但上诉人并未对其提出请求，且并未违反法律禁止性规定，并未损害国家、社会、第三人合法权益，故不属于二审审理范围，二审法院不予审理。

考点二　二审的结案方式
(裁判、调解、撤回起诉、撤回上诉)

裁判	原判决、裁定认定事实清楚，适用法律正确	用判决、裁定方式驳回上诉，维持原判决、裁定。
	原判决、裁定认定事实或者适用法律错误	用判决、裁定方式改判、撤销、变更。

续表

<table>
<tr><td rowspan="3">裁判</td><td>原判决认定基本事实不清</td><td>可以裁定撤销原判发回重审。
也可以查清事实后改判。</td></tr>
<tr><td>原判决严重违反法定程序
（遗漏当事人或者违法缺席判决等）</td><td>撤销原判，发回重审。</td></tr>
<tr><td colspan="2">注意：
1. 发回重审，原审法院适用一审程序审理，判决为一审判决，当事人可以上诉。
2. 原审法院对发回重审案件作出判决后，当事人上诉的，二审法院不得再次发回重审。（发回重审以一次为限）</td></tr>
<tr><td>调解</td><td colspan="2">二审中可以调解，调解达成协议，应当制作调解书，调解书送达后，原判决视为撤销。</td></tr>
<tr><td rowspan="2">撤回起诉</td><td colspan="2">在第二审程序中，原审原告申请撤回起诉，经其他当事人同意，且不损害国家利益、社会公共利益、他人合法权益的，法院可以准许。准许撤诉的，应当一并裁定撤销一审裁判。</td></tr>
<tr><td colspan="2">背诵要点：原审原告在第二审程序中撤回起诉后重复起诉的，法院不予受理。</td></tr>
<tr><td>撤回上诉</td><td colspan="2">1. 二审判决宣告前，当事人可以申请撤回上诉，是否准许由二审法院裁定。
2. 自二审法院作出准许撤回上诉的裁定起，一审判决生效。</td></tr>
</table>

背诵要点

1. 认定基本事实不清的可以发回重审，程序错误的必须发回重审。发回重审的案件一审法院应当另行组成合议庭审理。发回重审只能发回一次，当事人再上诉的不准再次发回。

2. 二审达成调解协议的必须制作调解书，调解书送达后原判视为撤销。

3. 撤回起诉是原告处分自己的起诉权，没有起诉就没有判决，故二审法院裁定准许撤回起诉应当一并裁定撤销原一审判决。

4. 撤回上诉是上诉人处分自己的上诉权，自裁定准许撤回上诉之日起一审判决生效。故在对方不履行时可以强制执行该生效的一审判决。

总结与归纳一：一审、二审、再审的联系与区别

1. 一审、二审、再审均可以调解，一审达成调解协议后原则上应当制作调解书，但也可以不制作；而二审、再审中达成调解协议的必须制作调解书，调解书送达后原判决视为撤销。

2. 一审、二审、再审中均可以撤诉，一审中撤诉后可以再次起诉，二审、再审中撤诉后不能再次起诉。

总结与归纳二：二审的调解（两审终审制度的贯彻）

<table>
<tr><td>当事人在一审中已提出的诉讼请求，原审法院未作审理、判决</td><td colspan="2">调解不成，发回重审</td></tr>
<tr><td>必须参加诉讼的当事人或者有独三在一审中没有参加诉讼</td><td colspan="2">调解不成，发回重审</td></tr>
<tr><td>一审判决不准离婚，二审法院认为应当判决离婚的，对财产分割和子女抚养问题</td><td>调解不成，发回重审</td><td rowspan="2">此两种情形中，如果当事人同意二审法院一并审理的，可以由二审法院一并审理</td></tr>
<tr><td>原告新增独立的诉讼请求或者被告提出反诉的</td><td>调解不成，告知另诉</td></tr>
</table>

一招制敌

一审法院或多或少存在错误的，调解不成发回重审；一审法院一点错误都没有的，调解不成告知另行起诉。

背诵要点

1. 强调：二审中有独三参加诉讼的，二审法院调解不成应当撤销原判发回重审，不能告知另诉。因为告知另诉有可能产生冲突判决。

2. 仅有如下两种情形，当事人同意二审法院一并审理的，二审法院可以一并审理：

（1）一审判决不准离婚，二审认为应当判决离婚的，对财产分割、子女抚养问题。

（2）二审中当事人新增诉讼请求或者提出反诉的。

设题陷阱

1. 二审法院认为原判对上诉请求的有关事实认定清楚、适用法律正确，裁定驳回上诉，维持原判？

2. 二审法院认为原判对上诉请求的有关事实认定错误或者适用法律有错误，应当裁定发回重审？

3. 二审认为原判认定基本事实不清，可以查清事实后改判，也可以撤销原判发回重审？

4. 二审法院认为一审判决是案件未经开庭审理而作出的，裁定撤销原判，发回重审？

5. 对于发回重审的案件，一审法院应当另行组成合议庭，适用一审普通程序审理，所作判决可以上诉？

6. 对于发回重审的判决，当事人再次上诉的，二审法院不得再次发回重审？

7. 在二审中双方当事人达成和解协议的，可以申请二审法院根据和解协议制作调解书，对方不履行的，可以申请强制执行？

8. 在二审中双方当事人达成和解协议的，可以申请撤回起诉，撤回起诉后不得再次起诉？

9. 在二审中上诉人可以申请撤回上诉，自裁定准许撤回上诉后，一审判决生效？

10. 离婚诉讼中二审达成调解协议，法院可以不制作调解书，由双方当事人、审判人员、书记员在调解协议上签字、盖章后生效？

11. 二审达成调解协议的，法院应当制作调解书，调解书应当写明“撤销原判”，以明确一审判决的效力？

12. 在二审中，原审原告新增独立诉讼请求或者被告提出反诉的，二审法院可以调解，调解不成的，告知当事人另行起诉，但当事人同意由二审法院一并审理的，二审法院可以一并裁判？

13. 一审判决不准离婚，二审认为应当判决离婚的，对于财产分割和子女抚养问题，二审法院可以调解，调解不成，撤销原判，发回重审，但当事人同意二审法院一并审理的，二审法院可以一并裁判？

14. 有独三在一审中没有参加诉讼，二审法院可以调解，调解不成的，告知当事人另行起诉？

15. 一审法院遗漏当事人诉讼请求的，二审法院可以调解，调解不成的，告知当事人另行起诉？

分析：

1. 错误。文书错误。驳回上诉维持原判到底用判决还是裁定？一一对应：对判决上诉，驳回上诉维持原判用判决书；对裁定上诉，驳回上诉维持原裁定用裁定书。

2. 错误。有错就改，应当依法改判、撤销、变更。

3. 正确。

4. 正确。

5. 正确。

6. 正确。

7. 正确。

8. 正确。

9. 正确。

10. 错误。二审中达成调解协议应当制作调解书，调解书送达后，原判决视为撤销。

11. 错误。二审调解书当然有视为撤销原判功能，不写“撤销原判”。

12. 正确。当事人该提的不提，一审法院没错，告知另行起诉。

13. 正确。该判离婚判不离，一审判错了，发回重审。

14. 错误。漏人，一审法院错了，调不成发回重审。

15. 错误。漏请求，一审法院错了，调不成发回重审。

专题十九 PROJECT NINETEEN 审判监督程序

考点一 再审概述

1. 再审的对象：已经发生法律效力的判决书、裁定书、调解书。

（1）判决书：①特别程序、非讼程序不适用再审；②解除婚姻关系的判决、裁定、调解书，不得申请再审。

（2）裁定书：对于不予受理、驳回起诉的裁定可以启动再审。

（3）调解书：①法院启动再审——调解书确有错误；②当事人申请再审——调解书违背自愿或者合法原则；③检察院抗诉或者提出检察建议——调解书损害国家、社会公共利益。

2. 再审分为两个程序，一为再审的启动程序，主要解决原生效裁判是否确有错误，是否需要重新审理；二为再审的审理程序，主要解决启动再审后适用一审程序还是二审程序对案件进行重新审理。

背诵要点

仅仅是解除婚姻关系的判决、裁定、调解书不得申请再审，并非指所有离婚诉讼的生效判决不得申请再审。

设题陷阱

1. 离婚诉讼判决生效后，当事人不得申请再审？

2. 再审的对象是已经发生法律效力的判决、裁定、调解书；二审的对象是尚未发生法律效力的判决书、裁定书？

分析：

1. 错误。离婚诉讼的判决中解除婚姻关系部分不能申请再审，但其中财产分割、子女抚养等部分可以再审。

2. 正确。

考点二 再审的启动程序

再审启动程序解决的问题是原生效裁判是否确有错误，是否需要重新审理。

只有法院和检察院有权启动再审，基于此，当事人可以向法院申请再审，也可以向检察院申请检察建议或者抗诉。

表一：法院、检察院启动再审

<table>
<tr><td>法院启动</td><td colspan="3">1. 各级法院院长认为本院已生效的判决书、裁定书和调解书确有错误，需要再审的，提交审判委员会讨论决定。
2. 最高法院对各级法院，上级法院对下级法院已经生效的判决、裁定、调解书认为确有错误，有权启动再审。</td></tr>
<tr><td rowspan="9">检察院启动</td><td>方式</td><td colspan="2">抗诉和检察建议。</td></tr>
<tr><td>启动程序</td><td colspan="2">1. 最高检对各级法院，上级检察院对下级法院已经生效的判决、裁定，发现有法定情形或者调解书损害国家和社会公共利益的，应当提出抗诉。
2. 地方各级检察院发现同级法院生效判决、裁定有法定情形之一，或者调解书违背国家利益、社会公共利益的，可以向同级法院提出检察建议，并报上级检察院备案，或者提请上级检察院向同级法院提起抗诉。</td></tr>
<tr><td rowspan="5">法定情形</td><td>证据和事实问题</td><td>1. 有新的证据，足以推翻原判决、裁定。
2. 原判决、裁定认定的基本事实缺乏证据证明的。
3. 原判决、裁定认定事实的主要证据是伪造的。
4. 原判决、裁定认定事实的主要证据未经质证的。
5. 对审理案件需要的证据，当事人因客观原因不能自行收集，书面申请法院调查收集，法院未调查收集的。</td></tr>
<tr><td>法律错误</td><td>原判决、裁定适用法律确有错误的。</td></tr>
<tr><td>程序违法</td><td>1. 审判组织的组成不合法或者应当回避的审判人员没有回避的。
2. 无诉讼行为能力人未经法定代理人代为诉讼或者应当参加诉讼的当事人，因不能归责于本人或者其诉讼代理人的事由，未参加诉讼的。
3. 违反法律规定，剥夺当事人辩论权利的。
4. 未经传票传唤，缺席判决的。
5. 原判决、裁定遗漏或者超出诉讼请求的。
6. 据以作出原判决、裁定的法律文书被撤销或者变更的。</td></tr>
<tr><td>审判人员徇私舞弊</td><td>审判人员审理该案有贪污受贿、徇私舞弊、枉法裁判行为的。</td></tr>
<tr><td colspan="2">背诵要点：管辖权错误不再是再审的理由。</td></tr>
<tr><td>抗诉的效果</td><td colspan="2">接受抗诉的法院应当在收到抗诉书之日起30日内作出再审裁定。</td></tr>
</table>

背诵要点

1. 法院启动再审：本院和上级法院。
2. 检察院启动再审：（1）抗诉上抗下，抗诉书同级提；（2）检察建议同级提，但报上级检察院备案。

3. 检察院抗诉必然启动再审：接受抗诉的法院应当在30日内直接作出再审裁定，而不能对检察院的抗诉进行审查。

4. 管辖权错误不再是申请再审或者抗诉的理由。

设题陷阱

1. 某市中院的生效判决错误，应当由该省检察院向该省高院提出抗诉？

2. 某市中院的生效判决错误，省检察院可以以管辖权错误为由向省高院抗诉？

3. 某市中院的生效判决错误，该市检察院可以报请省检察院向省高院抗诉？

4. 某市中院的生效判决错误，该市检察院可以向该市中院提出检察建议，并报省检察院备案？

5. 检察院提出抗诉后，接受抗诉的法院应当在30日内审查，作出是否再审的裁定？

6. 张某诉甲公司合同纠纷案，某市中院作出终审判决后，甲公司向高院申请再审，高院审查再审申请期间，省检察院向省高院抗诉。高院应当先审查检察院的抗诉是否成立，如果不成立，再继续审查当事人的再审申请是否成立？

分析：

1. 正确。

2. 错误。管辖权错误不再是法定再审理由，即当事人也不能以管辖权错误为由申请再审；检察院也不能以管辖权错误为由提出抗诉或者检察建议。

3. 正确。

4. 正确。

5. 错误。检察院抗诉必然启动再审，法院必须在30日内裁定再审，而不是裁定是否再审，也不能对检察院的抗诉进行审查。

6. 错误。抗诉必然启动再审，法院不能对检察院抗诉进行审查。本案应当直接裁定再审。

表二：当事人申请再审

当事人申请再审	法定情形	同检察院抗诉的法定情形；或者调解书违背自愿或合法原则的。
	申请再审的法定期间	1. 判决、裁定生效后6个月内。 2. 起算：原则上从判决、裁定生效之日起算。 但有以下情形，从知道或者应当知道之日起算： （1）有新证据，足以推翻原判决、裁定的； （2）原判决、裁定认定事实的主要证据是伪造的； （3）据以作出原判决、裁定的法律文书被撤销或者变更的； （4）审判人员审理该案有贪污受贿，徇私舞弊，枉法裁判行为的。 3. 注意：此处6个月为不变期间。（不适用中止、中断的规定）

续表

<table>
<tr><td rowspan="4">当事人申请再审</td><td>申请程序</td><td>1. 原则上可以向上一级法院申请再审。
2. 两种情形：（1）当事人一方人数众多或（2）双方都是公民的案件，当事人可以向上一级法院申请再审，也可以向原审法院申请再审。
注意：一方当事人向上一级法院申请再审，另一方当事人向原审法院申请再审，无法协商一致的，由原审法院受理。</td></tr>
<tr><td>不予受理</td><td>当事人申请再审，有下列情形之一的，法院不予受理：
1. 再审申请被驳回后再次提出申请的。
2. 对再审判决、裁定提出申请的。
3. 在检察院对当事人的申请作出不予提出再审检察建议或者抗诉决定后又提出申请的。
情形 1、2 告知当事人向检察院申请检察建议或者抗诉。
情形 3 是基于检察院不予提出检察建议或者抗诉决定的终局性。</td></tr>
<tr><td>申请的效力</td><td>当事人申请再审不停止原判决、裁定的执行。</td></tr>
<tr><td>再审申请的审查与处理</td><td>法院在收到再审申请书之日起 3 个月内审查，特殊情况，院长批准延长：
1. 符合法定情形——裁定再审。
2. 不符合法定情形——裁定驳回申请。</td></tr>
<tr><td rowspan="3">当事人申请检察建议或抗诉</td><td>情形</td><td>1. 法院驳回当事人再审申请的。
2. 法院逾期未对再审申请作出裁定的。
3. 再审判决、裁定有明显错误的。
向检察院申请检察建议或者抗诉应当具有——断后性。</td></tr>
<tr><td>审查与处理</td><td>1. 检察院在 3 个月内审查，作出提出或者不予提出检察建议或抗诉的决定。
2. 当事人不得再次向检察院申请检察建议或抗诉。
向检察院申请检察建议或者抗诉——终局性。</td></tr>
<tr><td colspan="2">背诵要点：向检察院申请检察建议或者抗诉程序具有两大特点：
（1）断后性；
（2）终局性。</td></tr>
</table>

背诵要点

1. 当事人申请再审原则上向上一级法院提出，但一方人数众多或者双方都是公民的案件当事人可以选择向上一级法院申请，也可以选择向原审法院申请。如果一方向上一级法院申请，另一方向原审法院申请，无法协商一致的，由原审法院受理。

2. 当事人申请再审不停止原判决、裁定的执行。

3. 当事人向检察院申请检察建议或者抗诉应当具有断后性和终局性。

（1）断后性。当事人只能在向法院申请再审后法院驳回申请、逾期未作裁定、再审判决明显错误的情形下，才能向检察院申请检察建议或者抗诉。未向法院提出申请，不得向检察院申请检察建议或者抗诉。

（2）终局性。检察院作出不予提出检察建议或者抗诉的决定后，当事人不能再次向检察院申请检察建议或者抗诉，也不能再次向法院申请再审。

总结与归纳

当事人启动再审总共有两次机会：首先在判决生效后可以向法院申请再审；对法院的处理不满意（法院驳回其申请，法院逾期未作出裁定，再审判决裁定有明显错误）再向检察院申请检察建议或者抗诉。检察院的决定为终局决定。

设题陷阱

1. 周某因为某合同纠纷，终审败诉后申请再审，只能向上一级法院提出？

2. 张某和李某经某中级法院作出生效裁判后，张某向中级法院申请再审，李某向高级法院申请再审，本案应当由中级法院受理？

3. 法院作出终审判决后，当事人可以向检察院申请检察建议或者抗诉？

4. 当事人可以在向法院申请再审的同时向检察院申请检察建议或者抗诉？

5. 法院驳回当事人的再审申请后，当事人可以再次向法院申请再审，也可以向检察院申请检察建议或者抗诉？

6. 当事人认为再审判决存在明显错误的，不能再次向法院申请再审，可以向检察院申请检察建议或者抗诉？

7. 某合同纠纷当事人向检察院申请检察建议或者抗诉，检察院作出不予提出检察建议或者抗诉的决定后，当事人可以向法院申请再审？

8. 检察院因为提出抗诉或者检察建议的需要，可以向当事人、案外人调查核实案件情况？

分析：

1. 错误。如果对方也是公民或者人数众多，可以向原审法院申请再审。

2. 正确。

3. 错误。申请检察建议或者抗诉应当具有断后性。

4. 错误。申请检察建议或者抗诉应当具有断后性。

5. 错误。法院驳回当事人再审申请后，当事人不得再次申请再审，可以向检察院申请检察建议或者抗诉。

6. 正确。

7. 错误。检察院所作的不予提出抗诉或者检察建议的决定具有终局性。

8. 正确。

考点三 再审的审理程序

<table>
<tr><td rowspan="6">审理法院</td><td rowspan="3">法院决定再审的案件</td><td>本院启动</td><td>本院重新审理</td></tr>
<tr><td>上级法院启动</td><td>该上级法院提审</td></tr>
<tr><td colspan="2">总之，法院启动的再审——谁启动，谁审理。</td></tr>
<tr><td>检察院抗诉的案件</td><td colspan="2">1. 由接受抗诉的法院审理。（提审）
2. 有符合《民事诉讼法》第200条第1～5项规定情形的（即证据问题），可以交下一级法院审理，但是经该下一级法院再审的除外。</td></tr>
<tr><td rowspan="2">当事人申请的再审</td><td colspan="2">1. 因当事人申请而裁定再审的案件由中级以上法院审理；但当事人依法选择向基层法院申请再审的除外。
2. 最高法院、高级法院裁定再审的案件，由本院再审或者交由其他法院再审，也可以交由原审法院再审。</td></tr>
<tr><td colspan="2">
<table>
<tr><th>原审法院</th><th>向谁申请</th><th>谁来重新审理</th><th>说明</th></tr>
<tr><td rowspan="2">基层法院</td><td>中院</td><td>该中院（提审）</td><td>基层法院作出生效判决，当事人原则上向中院申请再审；中院裁定再审后只能由该中院提审。（理由：因当事人申请而裁定再审的案件由中级以上法院审理）</td></tr>
<tr><td>＊该基层法院</td><td>该基层法院</td><td>基层法院作生效判决，如满足＊条件，当事人可以选择向基层法院申请再审；基层法院裁定再审后只能由该基层法院审理。</td></tr>
<tr><td rowspan="2">中院</td><td>高院</td><td>该高院、原中院、其他中院</td><td>中院作出生效判决，当事人原则上向高院申请再审；高院裁定再审后，可以提审，可以指令原中院或者其他中院再审。</td></tr>
<tr><td>＊该中院</td><td>该中院</td><td>中院作出生效判决，如满足＊条件，当事人可以选择向该中院申请再审；中院裁定再审后应当由该中院重新审理。</td></tr>
<tr><td>高院</td><td>最高院</td><td>最高院、原高院、其他高院</td><td>高院作出生效判决，当事人原则上向最高院申请再审；最高院裁定再审后，可以提审，可以指令原高院或者其他高院再审。</td></tr>
</table>
</td></tr>
</table>

续表

<table>
<tr><td>审理法院</td><td>当事人申请的再审</td><td><table><tr><td>原审法院</td><td>向谁申请</td><td>谁来重新审理</td><td>说明</td></tr><tr><td>高院</td><td>＊该高院</td><td>该高院</td><td>高院作出生效判决，如满足＊条件，当事人可以选择向该高院申请再审，该高院裁定再审后应当由该高院重新审理。</td></tr></table>注意：＊是指符合法定条件向原审法院申请再审的情形，即当事人一方人数众多或双方都是公民的情形。</td></tr>
<tr><td rowspan="4">再审程序</td><td>中止执行</td><td>法院决定再审后，应当裁定中止原判决、裁定、调解书的执行；但是追索赡养费、扶养费、抚育费、抚恤金、医疗费用、劳动报酬等案件，可以不中止执行。</td></tr>
<tr><td>重组合议庭</td><td>再审法院审理再审案件，应当另行组成合议庭。</td></tr>
<tr><td rowspan="2">审理程序</td><td>1. 原生效裁判是一审法院作出的，按一审程序审理，所作的裁判可以上诉。</td></tr>
<tr><td>2. 原生效裁判是二审法院作出的，按二审程序审理，所作裁判是生效裁判。
3. 上级法院提审的，按二审程序审理，所作裁判是生效裁判。</td></tr>
<tr><td>再审的范围</td><td colspan="2">1. 审理范围不超过再审申请或者抗诉范围。
2. 当事人超出原审范围增加、变更诉讼请求的，不属于再审范围。（再审范围有限原则）
3. 涉及国家利益、社会公共利益，或者当事人在原审诉讼中已经依法要求增加、变更诉讼请求，原审未予审理且客观上不能形成其他诉讼的除外。</td></tr>
<tr><td rowspan="4">再审的结案</td><td>裁判</td><td>按照审判监督程序决定再审或者提审的案件，由再审或者提审的法院在作出新的判决、裁定中确定是否撤销、改变或者维持原判决、裁定。</td></tr>
<tr><td>调解</td><td>达成调解协议的，应当制作调解书，调解书送达后，原判决、裁定视为撤销。</td></tr>
<tr><td>撤回起诉</td><td>一审原告在再审审理程序中申请撤回起诉，经其他当事人同意，且不损害国家利益、社会公共利益、他人合法权益的，法院可以准许。裁定准许撤诉的，应当一并撤销原判决。
在再审中撤回起诉后重复起诉的，法院不予受理。</td></tr>
<tr><td>终结再审程序</td><td>法院在审查再审申请期间或者在再审重新审理期间，当事人达成和解协议并履行完毕的法院应当裁定终结审查或者裁定终结再审程序；但当事人在和解协议中声明不放弃申请再审权利的除外。</td></tr>
</table>

背诵要点

1. 再审的审理法院。

（1）原审法院启动再审——谁启动谁审理。

（2）检察院抗诉的案件，原则上由接受抗诉的法院审理（提审），但如果是证据问题而导致抗诉，可以指令原审法院或者其他下一级法院重新审理，但经该下一级法院再审的除外。

（3）因当事人申请而启动再审的案件，由中级以上法院重新审理，但当事人依法选择向基层法院申请再审的除外；高级法院、最高法院裁定再审的案件，由本院再审或者指令原审法院以及其他下级法院重新审理。

2. 法院决定再审后，应当裁定中止原生效判决、裁定、调解书的执行。但是追索赡养费、扶养费、抚育费、抚恤金、医疗费用、劳动报酬等案件，可以不中止执行。

3. 再审法院应当另行组成合议庭重新审理。

（1）首先判断是否存在提审情形，如果存在提审情形，则一律适用二审程序重新审理；

（2）如不存在提审情形，再判断原来生效判决是如何作出的：

①原生效裁判是一审程序作出的，按照一审程序重新审理，所作判决可以上诉；

②原生效裁判是二审程序作出的，按照二审程序重新审理，所作判决为终审判决。

4. 再审范围有限原则——再审以原审范围为限，当事人超出原审范围增加、变更的诉讼请求，不属于再审范围。故再审中不允许当事人新增诉讼请求或者提出反诉，对于当事人在再审中新增诉讼请求或者提起反诉的，再审法院不予审理。

5. 再审法院在作出新的判决、裁定时，明确是否撤销、改变、维持原判决、裁定。

再审中可以调解，达成调解协议应当制作调解书，调解书送达后，原判决视为撤销。

再审中原告可以撤回起诉，法院裁定准予撤诉的，应当一并裁定撤销原判。在再审中撤回起诉后不得再次起诉。

6. 当事人已经达成和解协议且履行完毕的，此时纠纷已经解决无需对案件进行重新审理，故此时如果在法院审查再审申请（启动阶段），法院应当裁定终结审查；如果在再审审理期间（重新审理阶段），法院应当裁定终结再审程序。

总结与归纳：一审、二审、再审的联系与区别

1. 一审、二审、再审均可以调解，一审调解结案后可以不制作调解书，而二审、再审调解结案后应当制作调解书。

2. 一审、二审、再审均可以撤诉，一审撤诉后可以再次起诉，二审、再审撤诉后不得再次起诉。

技术流：再审中原判的效力问题

例 1：法院在受理当事人再审申请后应当裁定中止执行？

例 2：法院在裁定再审时应当裁定撤销原判？

例 3：法院在裁定再审时应当裁定终结对原生效法律文书的执行；

例 4：某合同纠纷，中院作出终审判决后，当事人向高院申请再审，高院认为理由成立，裁定再审，并指令中院重新审理。

（1）高院在指令中院重新审理时应当裁定撤销原判？

（2）中院在重新审理过程中应当裁定撤销原判？

例 5：某合同纠纷，中院作出终审判决后，省检察院向省高院抗诉，高院裁定再审，并提审本案，高院提审本案时应当撤销原判？

一招制敌

一张图读懂再审程序

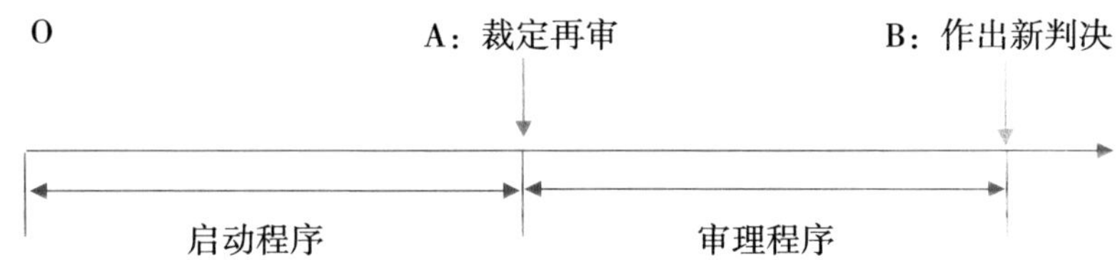

图解：

1. 线段 OB 表示整个再审程序：在 A 点法院裁定再审，在 B 点作出新判决。

故线段 OA 代表再审的启动阶段，线段 AB 代表再审的审理阶段。

2. 法条表述“法院决定再审时应当裁定中止执行，但追索赡养费、扶养费、抚育费、抚恤金、劳动报酬、医疗费的案件可以不中止”，可见应当在 A 点裁定中止执行。

法条表述“法院在作出新判决时确定撤销、改变、维持原判决、裁定”，可见在 B 点才能撤销原判。

3. 综上所述，在再审作出新判决时（B 点）才可撤销原判，故在整个再审阶段（OB 段），原生效裁判依然有效。

进一步区分：

（1）在再审启动阶段（OA 段），原生效裁判有效，并且要继续执行（标志性表述：当事人申请再审不停止执行）；

（2）在再审重新审理阶段（AB 段），原生效裁判有效，但应当中止执行（标志性表述：法院决定再审后应当裁定中止执行）。

据此分析以上题目：

例 1：错误。法院在裁定再审时（A 点），应当裁定中止执行。受理再审申请时，尚未裁定再审，未到 A 点，不能中止执行；

例 2：错误。法院裁定再审时在 A 点，只能裁定中止执行，不能撤销原判。

例3：错误。法院裁定再审时在A点，只能中止执行，不能撤销原判，不能终结执行。

例4：（1）错误。高院指令再审时在A点，只能中止执行，不能撤销原判；

（2）错误。中院在重新审理时，案件在AB之间，没到B点，不能撤销原判，只能中止执行；

例5：错误。高院提审本案时，案件在AB之间，没到B点，不能撤销原判，只能中止执行。

设题陷阱

例1：张三驾车将李四撞伤，李四起诉张三要求赔偿。本案经过县、市两级法院审理后，判决张三赔偿医疗费3.2万元。判决生效后，张三发现新证据，申请再审，结合本案判断下列表述：

（1）本案张三应当向省高院申请再审？

（2）张三申请再审不停止原判决的执行？

（3）张三向省高院申请再审，省高院受理再审申请后应当裁定中止执行？

（4）省高院裁定再审后应当中止原判决的执行？

（5）张三向省高院申请再审，省高院认为理由成立的可以提审，可以指令原中院或者其他中院再审？

（6）省高院裁定再审后，本案应当适用二审程序重新审理？

分析：

（1）错误。本案双方都是公民，张三可以选择向高院申请再审，也可以选择向原中院申请再审。

（2）正确。申请再审不停止原判决的执行。

（3）错误。受理再审申请，尚未裁定再审（即未到A点），不能停止执行。

（4）错误。虽然原则上裁定再审后应当中止执行，但值得注意的是本案是追索医疗费！医疗费！医疗费！——可以不中止执行。

（5）正确。

（6）正确。本案可以由高院提审，也可以指令原中院或者其他中院再审，提审当然适用二审程序审理，如果指令中院再审应当按照原来作出终审判决的程序重新审理，本案原审是经过二审作出的终审判决，应当适用二审程序重新审理。故不论是高院提审还是指令中院再审，均适用二审程序重新审理。

例2：吴某因为合同纠纷，经广东省广州市白云区法院一审判决，广州中级法院终审判决。结合本案判断下列表述：

（1）吴某应当向广东省高级法院申请再审？

（2）吴某向广东省高级法院申请再审的同时，可以向检察院申请检察建议或者抗诉？

（3）吴某向广东省高级法院申请再审被驳回后，可以向检察院申请检察建议或者抗诉？

（4）检察院基于提出抗诉或者检察建议的需要，可以向当事人和案外人调查核实有关情况？

（5）检察院作出不予提出检察建议或者抗诉的决定后，吴某不能再次申请检察建议或者抗诉，也不能向法院申请再审？

（6）广东省高级法院对吴某再审申请审查过程中，广东省检察院向省高级法院提出抗诉，省高级法院应当先行对省检察院的抗诉进行审查，然后再对吴某的再审申请进行审查？

分析：

（1）错误。如果对方当事人也是公民或者对方人数众多，当事人可以向上级法院申请再审，也可以向原审法院申请再审。

（2）错误。申请检察建议或者抗诉具有断后性。

（3）正确。

（4）正确。

（5）正确。申请检察建议或者抗诉程序具有终局性。

（6）错误。接受抗诉的法院应当在30日内裁定再审，而不能对抗诉进行审查。

例3：张某、李某经某区法院一审判决后，均未上诉，判决生效后，关于本案再审，判断如下表述：

（1）本案当事人可以选择向中级法院申请再审，也可以选择向该基层法院申请再审？

（2）本案张某向中级法院申请再审，而李某选择向基层法院申请再审，无法达成一致意见，应当由基层法院受理？

（3）本案张某向中级法院申请再审，中级法院裁定再审后，应当由该中级法院重新审理此案？

（4）本案张某向中级法院申请再审，中级法院裁定再审后，应当适用一审程序对案件进行审理，所作判决可以上诉？

（5）本案张某向基层法院申请再审，法院裁定再审后，应当由该基层法院重新审理此案？

（6）再审没有独立的审理程序，一律适用作出原生效裁判的程序对案件进行审理？

（7）在本案的再审过程中，张某新增独立诉讼请求或者李某提出反诉的，法院应当进行调解，调解不成告知当事人另行起诉？

（8）本案可以由市检察院向市中级法院提出抗诉，市中级法院应当提审此案。但如果是因为证据问题，市中级法院可以指令基层法院重新审理，但经该基层法院重新审理的除外？

（9）当事人在再审中达成调解协议，法院据此制作调解书。后李某拒不履行该调解书，张某可以申请恢复对原判决的执行？

（10）当事人在再审中达成和解协议的，张某可以向法院申请撤回起诉，法院裁定准予撤回起诉的，应当一并裁定撤销原判，当事人不得再次起诉？

分析：

（1）正确。

（2）正确。

（3）正确。因当事人申请而裁定再审的案件应当由中级以上法院审理。

（4）错误。提审！提审！提审！

（5）正确。当事人申请再审而裁定再审的案件，应当由中级以上法院审理，但当事人依法选择向基层法院申请再审的除外。

（6）错误。遗漏提审程序，无论作出原生效裁判的程序是一审程序还是二审程序，上级法院提审的一律适用二审程序。

（7）错误。再审范围有限，当事人在再审中增加、变更的诉讼请求不属于再审范围。

（8）正确。

（9）错误。再审中达成调解协议，法院应当制作调解书，调解书送达后，原判决视为撤销。既然原判决视为撤销，故不能申请执行原判决。此时张某可以直接申请法院执行调解书。

（10）正确。

例4：（1）甲、乙公司合同纠纷，某中院终审判决乙公司向甲公司支付50万，乙公司拒不履行，甲公司申请强制执行，在执行中，甲乙公司达成和解协议，约定乙公司将一处价值55万的商铺过户给甲公司用以清偿该笔债务，并在第二天履行了该和解协议。后来乙公司发现新证据，向高院申请再审，高院应当裁定终结对该再审申请的审查？

（2）张三、李四侵权纠纷，某县法院作出一审判决，当事人均未上诉。判决生效后，张三向法院申请再审，法院认为理由成立，遂裁定再审。在对案件重新审理过程中，法院发现张三、李四已经达成和解协议，并已经履行完毕。法院应当裁定终结再审程序。

分析：（1）、（2）均为正确。

专题二十 PROJECT TWENTY 特别程序

考点一 概 述

适用范围	选民资格，宣告失踪、死亡，认定公民无、限制民事行为能力，认定财产无主，确认调解协议效力，实现担保物权。
主要特点	1. 均由基层法院管辖。 2. 不解决民事权利义务纠纷，故不适用辩论原则、不适用调解制度、没有人民陪审员参加。 3. 一审终审，且不适用审判监督程序，如发现认定事实或适用法律确有错误，由原审法院按特别程序规定撤销原判决，作出新判决；当事人、利害关系人也可以向法院提出异议。 4. 审判组织：选民资格案件或者其他重大疑难案件，由审判员组成合议庭；其他案件由审判员一人独任审理。

背诵要点

1. 特别程序不是诉讼程序，所有仅适用于诉讼程序的原则与制度均不得适用，如不能辩论、不能调解、没有陪审员。

2. 特别程序一律由基层法院管辖，跟中院没关系。

3. 特别程序一律一审终审，不能上诉，不能再审。

4. 特别程序原则上适用独任制，但是选民资格案件或者重大疑难案件（如实现担保物权中担保物价值超过基层法院级别管辖标准）适用合议制；合议庭只能由审判员组成，人民陪审员不能参加。

设题陷阱

1. 适用特别程序审理的案件都是非讼案件？

2. 特别程序的起诉人或申请人与案件都有直接的利害关系？

3. 特别程序原则上由基层法院管辖，但是重大疑难的应当由中级法院管辖？

4. 特别程序除选民资格和重大疑难案件应当组成合议庭审理外，其余案件应当适用简易程序审理？

5. 适用特别程序审理的案件都是一审终审？

6. 陪审员通常不参加适用特别程序审理的案件？

7. 特别程序一律不适用辩论原则？

8. 特别程序一律不适用调解制度？

分析：

1. 错误。诉讼程序和非讼程序是对民事审判程序的分类，而特别程序中的选民资格案件并非民事审判程序，既不是诉讼程序，也不是非讼程序。

2. 错误。

3. 错误。特别程序一律由基层法院管辖，不存在中级法院管辖的情形。

4. 错误。其余应当适用独任制，独任制不等于简易程序。

5. 正确。

6. 错误。陪审员一律不得参加特别程序合议庭。

7. 正确。

8. 正确。

考点二　选民资格案件

起诉	公民不服选举委员会对选民资格的申诉所作的处理决定，可以在选举日的 5 日前向选区所在地基层法院起诉。
审理	法院受理选民资格案件后，必须在选举日前审结。 审理时，起诉人、选举委员会的代表和有关公民必须参加。 法院的判决书，应当在选举日前送达选举委员会和起诉人，并通知有关公民。

背诵要点

1. 选民资格案件申诉前置。

2. 起诉人不一定是选民本人。

考点三　宣告失踪、死亡

管辖	下落不明人住所地基层法院。
处理	判决宣告失踪、死亡，或者判决驳回申请；判决宣告失踪的，应当同时指定失踪人的财产代管人。
失踪人财产代管人的变更	1. 财产代管人申请变更代管的，人民法院依照特别程序规定进行审理：理由成立的，撤销代管人身份，同时另行指定代管人；理由不成立的，裁定驳回申请。 2. 失踪人的其他利害关系人申请变更代管的，法院告知其以原指定的代管人为被告提起诉讼，按照普通程序审理。
亡者归来	经本人或者利害关系人申请，作出新判决，撤销原判决。

背诵要点

财产代管人的变更

情形一：被指定的代管人申请变更代管的：没有争议，法院适用特别程序撤销其代管人身份，另行指定代管人即可；

情形二：其他利害关系人要求变更代管的：有争议，告知其以原指定的代管人为被告起诉，法院适用普通程序审理。

设题陷阱

张三被法院判决宣告失踪，同时法院指定张三的妻子李四担任财产代管人。

1. 李四申请变更代管人的，告知其另行起诉？

2. 张三的父亲老张申请变更代管人，告知其另行起诉？

分析：

1. 错误。被指定的代管人要求变更，没有争议，直接适用特别程序撤销其代管人身份，另行指定代管人。如果告知另诉的话——告谁，双方当事人都凑不齐，咋告？

2. 正确。其他利害关系人请求变更代管人，有争议，告知其以原指定的代管人李四为被告起诉，法院适用普通程序审理。

考点四　认定公民为无、限制民事行为能力人

申请人	近亲属或者其他利害关系人。
管辖	该公民住所地基层法院管辖。
代理人	由该公民的近亲属（申请人除外）为代理人，近亲属推诿的，由法院指定其中一人为代理人，该公民健康状况允许的，应当询问本人意见。
判决	申请有事实根据的，判决认定其为无民事行为能力人或者限制民事行为能力人。申请没有事实根据的，应当判决予以驳回。
判决的撤销	根据被认定为无、限制民事行为能力人或者他的监护人申请，证实其无、限制民事行为能力原因已消除的，应当作出新判决，撤销原判决。

考点五　确认财产无主程序

启动	公民、法人或者其他组织申请。
管辖	财产所在地基层法院。
受理与判决	受理申请后，经审查核实，应当发出财产认领公告： 1. 公告满1年无人认领，判决认定财产无主，收归国家或者集体所有。 2. 公告期间，有人对该财产提出请求，人民法院应当裁定终结特别程序，告知申请人另行起诉，适用普通程序审理。
判决的撤销	判决认定财产无主后，原财产所有人或者继承人出现，在诉讼时效期间可以对财产提出请求，审查属实后，应当作出新判决，撤销原判决。

背诵要点

1. 公告期满无人认领说明没有权利争议，说明是无主财产，判决收归国家或者集体所有。

2. 公告期间有人提出请求，则说明存在权利争议，终结特别程序，告知申请人通过诉讼方式解决纠纷。

考点六　确认调解协议效力案件

<table>
<tr><td>申请</td><td colspan="3">双方当事人，自调解协议生效之日起 30 日内共同申请。</td></tr>
<tr><td>管辖</td><td colspan="3">调解组织所在地基层法院。</td></tr>
<tr><td>不予受理</td><td colspan="3">当事人申请司法确认调解协议，有下列情形之一的，法院裁定不予受理：
1. 不属于法院受理范围的。
2. 不属于收到申请的法院管辖的。
3. 申请确认婚姻关系、亲子关系、收养关系等身份关系无效、有效或者解除的。
4. 涉及适用其他特别程序、公示催告程序、破产程序审理的。
5. 调解协议内容涉及物权、知识产权确权的。
法院受理申请后，发现有上述不予受理情形的，应当裁定驳回当事人的申请。</td></tr>
<tr><td rowspan="5">处理与救济</td><td rowspan="2">审查符合规定</td><td>处理</td><td>裁定调解协议有效，一方不履行，对方当事人可以申请强制执行。</td></tr>
<tr><td>救济</td><td>1. 当事人有异议的，应当自收到裁定之日起 15 日内提出。
2. 利害关系人有异议的，应当自知道或者应当知道其民事权益受到侵害之日起 6 个月内提出。</td></tr>
<tr><td rowspan="3">审查不符合规定</td><td>情形</td><td>1. 违反法律强制性规定的。
2. 损害国家利益、社会公共利益、他人合法权益的。
3. 违背公序良俗的。
4. 违反自愿原则的。
5. 内容不明确的。
6. 其他不能进行司法确认的情形。</td></tr>
<tr><td>处理</td><td>裁定驳回申请。</td></tr>
<tr><td>救济</td><td>当事人可以变更或重新达成调解协议，或向法院起诉。</td></tr>
</table>

背诵要点

1. 双方当事人共同申请；调解协议生效后 30 日内申请；调解组织所在地基层法院管辖，与专属管辖、协议管辖、侵权行为地、合同履行地等均无关系。

2. 救济方式

（1）法院裁定确认调解协议效力，该裁定可以强制执行。当事人有异议应当在 15 日内提出；利害关系人有异议，应当自知道或者应当知道之日起 6

个月内提出。

（2）法院裁定驳回申请的，此时当事人需要重新解决纠纷，故可以通过重新达成调解协议或者起诉等方式解决纠纷。

设题陷阱

1. 甲区张三和乙区李四在丙区签订租赁合同，约定将李四位于丁区的房屋租赁给张三，同时约定因为履行该合同发生纠纷由合同签订地丙区法院管辖。后来双方履行合同发生纠纷，经戊区人民调解委员会调解达成协议，双方欲申请确认调解协议效力？

（1）本案应当向丁区法院申请确认调解协议效力？

（2）达成调解协议后，李四将出差两个月，可以由张三向法院申请确认调解协议效力？

（3）达成调解协议后，李四将出差两个月，张三、李四可以在李四出差归来后向申请确认调解协议效力？

2. 张三、李四离婚纠纷，经人民调解委员会调解达成协议，解除婚姻关系，张三、李四申请法院确认调解协议效力，法院应当不予受理，受理后发现的，应当裁定驳回申请？

3. 张三、李四房屋所有权纠纷，经人民调解委员会调解达成协议，房屋归张三所有，张三、李四申请法院确认调解协议效力，法院应当不予受理，受理后发现的，应当裁定驳回申请？

4. 确认调解协议效力，应当由一名审判员独任审理？

5. 张三、李四侵权纠纷，经人民调解委员会调解约定李四向张三赔偿1万元，双方当事人申请甲区法院确认调解协议效力，法院认为符合规定，裁定确认调解协议效力，后来张三认为调解协议中约定的赔偿数额远远小于自己遭受的损失，张三可以在收到裁定书之日起15日内向甲区法院提出异议？

6. 张三、李四因为一副字画的买卖合同发生纠纷，经人民调解委员会调解达成协议，约定张三向李四支付2万元，李四将字画交付给张三。张三、李四申请甲区法院确认调解协议效力，法院认为符合规定，裁定确认调解协议效力。后王五认为该幅字画属于自己所有，认为甲区法院的裁定错误，可以在知道或者应当知道权益受损之日起6个月内向甲区法院提出异议？

7. 张三、李四房屋买卖合同纠纷，经人民调解委员会调解达成协议，约定张三向李四支付剩余房款后房屋即归张三所有。张三、李四申请法院确认调解协议效力，法院认为该调解协议涉及物权确权，遂裁定驳回申请。张三、李四可以通过重新调解或者起诉等方式解决房屋买卖合同纠纷？

分析：

1. （1）、（2）、（3）均为错误。确认调解协议效力应当由双方当事人共同申请，在调解协议生效之日起30日内申请，由调解组织所在地基层法院管辖。

2. 正确。调解协议涉及身份关系的无效、有效、解除等，法院不予受理。

3. 正确。调解协议涉及物权的确权，法院不予受理。

4. 正确。

5. 正确。法院裁定确认调解协议效力，当事人有异议的应当在收到裁定书之日起 15 日内提出异议。

6. 正确。法院裁定确认调解协议效力，利害关系人有异议的，应当在知道或者应当知道权利受损之日起 6 个月内提出异议。

7. 正确。法院驳回当事人申请的，当事人可以通过重新调解、起诉等方式解决纠纷。

考点七　实现担保物权案件

<table>
<tr><td>申请</td><td colspan="3">担保物权人以及其他有权请求实现担保物权的人申请。</td></tr>
<tr><td>管辖</td><td colspan="3">担保财产所在地或担保物权登记地基层法院。
实现担保物权案件属于海事法院等专门法院管辖的，由专门法院管辖。</td></tr>
<tr><td>审查</td><td colspan="3">实现担保物权案件可以由审判员一人独任审查。
担保财产标的额超过基层法院管辖范围的，应当组成合议庭进行审查。</td></tr>
<tr><td rowspan="4">处理</td><td rowspan="2">审查符合规定</td><td>处理</td><td>裁定准许拍卖、变卖担保财产，当事人可以依据该裁定申请执行。</td></tr>
<tr><td>救济</td><td>1. 当事人有异议的，应当自收到裁定之日起 15 日内提出。
2. 利害关系人有异议的，应当自知道或者应当知道其民事权益受到侵害之日起 6 个月内提出。</td></tr>
<tr><td rowspan="2">审查不符合规定</td><td>处理</td><td>裁定驳回申请。</td></tr>
<tr><td>救济</td><td>当事人可以起诉解决担保物权纠纷。</td></tr>
</table>

背诵要点

1. 实现担保物权案件属于特别程序，一律由基层法院管辖，不存在中级法院管辖的的问题。

2. 实现担保物权案件应当由审判员一人独任审查，如果担保财产超过基层法院级别管辖范围的，则视为重大疑难案件，组成合议庭审查。

3. 救济：

（1）法院裁定准许实现担保物权的，该裁定可以强制执行。当事人有异议的，应当在 15 日内提出，利害关系人有异议的，应当自知道或者应当知道之日起 6 个月内提出。

（2）法院裁定驳回申请的，说明当事人之间的担保物权存在纠纷，当事人可以通过起诉等方式解决权利义务纠纷。

设题陷阱

1. 实现担保物权应当向基层法院申请，但担保财产标的额超过基层法院级别管辖标准的，应当由中级法院管辖？

2. 实现担保物权案件可以由审判员一人独任审理，但担保财产标的额超过级别管辖标准的，应当组成合议庭审查?

3. 张三、李四、王五作为股东成立了甲公司，其中张三、李四、王五分别占有40%、30%、30%的股权。张三和赵六签订股权代持协议，约定张三在甲公司拥有的40%股权为赵六实际出资，该股权为赵六实际所有。后来张三向王五借款40万，并将自己名下甲公司20%的股权质押给王五。后来张三拒不归还借款，王五向甲县法院申请实现担保物权。

（1）法院审查认为符合规定，裁定准许拍卖、变卖张三名下的20%股权。张三认为该裁定错误，可以在15日内向甲县法院提出异议?

（2）法院审查认为符合规定，裁定准许拍卖、变卖张三名下20%的股权。赵六认为该裁定错误，可以在知道或者应当知道权利受损之日起6个月内向甲县法院提出第三人撤销之诉?

（3）法院审查认为不符合规定，裁定驳回王五申请。王五可以就质押权利义务纠纷向法院提起诉讼。

分析：

1. 错误。特别程序一律由基层法院管辖。

2. 正确。

3. 本题考查实现担保物权的救济。

（1）错误。对特别程序、督促程序、公示催告程序等非讼程序作出的判决、裁定不能申请再审。张三可以在收到裁定之日起15日内向甲县法院提出异议。

（2）错误。对特别程序、督促程序、公示催告程序等非讼程序作出的判决、裁定不能提出第三人撤销之诉。赵六可以自知道或者应当知道权利受损之日起6个月内向甲县法院提出异议。

（3）正确。法院驳回当事人申请的，说明当事人之间的担保物权存在纠纷，可以通过另行起诉等方式解决纠纷。

PROJECT TWENTY-ONE

专题二十一 督促程序

<table>
<tr><td>要件</td><td colspan="2">1. 给付标的为金钱或者有价证券。
2. 请求给付的金钱和有价证券已到期，且数额确定。
3. 债权人和债务人之间无其他债务纠纷。
4. 支付令能送达债务人。（支付令可以留置送达，但不能公告送达）</td></tr>
<tr><td>管辖</td><td colspan="2">债务人住所地基层法院。</td></tr>
<tr><td>支付令的效力</td><td colspan="2">1. 支付令自作出之日起生效。
2. 债务人应当在收到支付令之日起 15 日内清偿债务，或者向法院提出书面异议。
3. 债务人在 15 日内既不提出异议，又不履行债务，债权人可以向法院申请执行。</td></tr>
<tr><td rowspan="2">债务人的异议</td><td>异议效力</td><td>法院收到债务人提出的书面异议后，经形式审查，异议成立的，裁定终结督促程序，支付令失效。
支付令失效的，转入诉讼程序，但申请方当事人不同意起诉的除外。
如申请方当事人不同意起诉，应当自收到终结督促程序裁定之日起 7 日内提出，否则视为同意转入诉讼程序。
督促程序转为诉讼程序的，起诉时间以申请支付令的时间计算。</td></tr>
<tr><td>几点说明</td><td>1. 债务人对债务本身没有异议，只是提出缺乏清偿能力、延缓债务清偿期限、变更债务清偿方式等异议的，不构成异议，不影响支付令效力。
2. 口头异议无效。
3. 债务人收到支付令后，不在法定期间提出书面异议，而向其他法院起诉的，不影响支付令效力。</td></tr>
</table>

背诵要点

1. 支付令可以留置送达，不能公告送达。

2. 支付令自作出之日起发生法律效力，但没有强制执行效力；债务人在异议期间内不履行债务也不提出书面异议，则产生强制执行力。

3. 债务人提出书面异议的，法院经形式审查认为异议成立的，裁定终结督促程序，支付令失效，转入诉讼程序解决债权债务纠纷，但申请人不同意起诉的除外。督促程序转为诉讼程序的，以申请支付令的时间为起诉时间。

4. 对有担保的债务能否适用支付令问题：

（1）向债务人发出的支付令对担保人没有约束力；

（2）债权人亦不能申请法院向担保人发出支付令。①

总结与归纳：起诉对支付令效力的影响

<table>
<tr><td>债权人起诉</td><td colspan="2">法院受理支付令申请后，债权人就同一债权债务关系提起诉讼的（包括对债务人起诉也包括对担保人起诉），法院应当裁定终结督促程序，已经发出的支付令自行失效。</td></tr>
<tr><td rowspan="2">债务人起诉</td><td>向作出支付令的法院起诉</td><td>债务人在异议期间内向作出支付令的法院起诉，视为书面异议。</td></tr>
<tr><td>向其他法院起诉</td><td>债务人在异议期间内不提出书面异议，而向其他法院起诉的，不影响支付令效力。</td></tr>
</table>

设题陷阱

1. 法院向债务人送达支付令时发现债务人下落不明的，可以公告送达？

2. 法院向债务人送达支付令时债务人拒绝签收，法院可以留置送达？

3. 支付令在送达后15天内，债务人不履行债务，也不提出书面异议的，则发生法律效力？

4. 支付令送达债务人后，在法律规定的异议期间，支付令不具有法律效力？

5. 支付令送达债务人后，在法律规定的异议期间，支付令不具有强制执行力？

6. 债务人对支付令提出异议应当以书面方式，确有困难的，可以口头方式提出？

7. 法院收到债务人书面异议后，认为异议成立的，应当裁定终结督促程序，支付令失效，不得对异议进行实质审查？

8. 法院收到债务人异议后可以通过调解、辩论等方式促进双方纠纷的解决？

9. 李四向张三借款5万元，王五承担连带保证，李四逾期拒不还款，张三申请甲县法院向李四发出支付令，后出现如下情形：

（1）该支付令对保证人王五有拘束力？

（2）李四在法定期间内不提出异议，张三可以申请对李四和王五强制执行？

（3）张三向法院起诉李四，法院受理案件后应当裁定终结督促程序，支付令失效？

（4）张三向法院起诉王五，法院受理案件后应当裁定终结督促程序，支付令失效？

（5）李四收到支付令后不提出书面异议而向法院起诉的，不影响支付令

① 沈德咏主编《〈最高人民法院民事诉讼法司法解释〉理解与适用（下）》1164页，人民法院出版社2015年3月版

效力？

分析：

1. 错误。支付令不能公告送达。

2. 正确。支付令可以留置送达。

3. 错误。支付令作出即发生法律效力。债务人在异议期间内不履行义务也不提出异议产生强制执行效力。

4. 错误。支付令作出之日即具有法律效力，故在异议期间具有法律效力，只是不具有强制执行效力。

5. 正确。

6. 错误。对支付令的异议必须书面。

7. 正确。

8. 错误。督促程序不解决民事权利义务纠纷，不能调解、辩论等。

9. （1）错误。对债务人发出的支付令对担保人没有拘束力。

（2）错误。对债务人发出的支付令对担保人没有拘束力，不能对王五强制执行。

（3）正确。法院受理支付令申请后，债权人起诉（包括对债务人和对担保人起诉）的，法院应当裁定终结督促程序，支付令失效。

（4）正确。同上。

（5）错误。债务人起诉要分情形讨论，如果向作出支付令的法院起诉则视为书面异议；如果向其他法院起诉则不应当支付令效力。

专题二十二 PROJECT TWENTY-TWO 公示催告程序

<table>
<tr><td>适用条件</td><td colspan="2">1. 情形：一是按规定可以背书转让的票据被盗、遗失或者灭失；
二是依法可以申请公示催告的其他事项。
2. 启动：票据持有人申请。
3. 管辖：票据支付地基层法院。</td></tr>
<tr><td>止付通知</td><td colspan="2">法院决定受理申请，应当同时通知支付人停止支付，并在 3 日内公告，催促利害关系人申报权利，公示催告的期间由法院决定，但不得少于 60 日。</td></tr>
<tr><td>通知的效力</td><td colspan="2">支付人收到通知后应停止支付；公示催告期间，转让票据的行为无效。</td></tr>
<tr><td rowspan="2">后果</td><td>利害关系人的申报（有纠纷）</td><td>1. 利害关系人应当在公示催告期间向法院申报权利。（2015 年《民诉解释》规定，公示催告期限届满，除权判决作出前，利害关系人都可以申报）
2. 法院收到申报后，应裁定终结公示催告程序。
3. 申请人和申报人可以通过起诉方式解决争议。</td></tr>
<tr><td>除权判决（无纠纷）</td><td>在公示催告期间无人申报，或者申报被驳回，法院根据申请人申请，判决宣告票据无效；判决应当公告，自判决公告之日起，申请人有权向支付人请求支付。</td></tr>
<tr><td>审理组织</td><td colspan="2">公示催告阶段由审判员一人独任审理；判决宣告票据无效的，应组成合议庭审理。</td></tr>
<tr><td>对利害关系人的救济</td><td colspan="2">利害关系人因正当理由不能在判决前向法院申报的，自知道或者应当知道判决公告之日起 1 年内，可以向作出判决的法院起诉。</td></tr>
</table>

背诵要点

1. 公示催告程序不仅适用于可以背书转让的票据遗失、灭失或者被盗的情形，还适用于法律规定的其他事项。

2. 在公示催告期间无人申报权利或者申报被驳回的，法院根据申请人的申请作出除权判决，宣告票据无效。

（1）除权判决的作出必须依申请，法院不能依职权作出；

（2）作出除权判决必须组成合议庭；

（3）除权判决只能宣告票据无效，不能宣告有效。

3. 利害关系人在除权判决前申报权利，说明票据权利义务存在纠纷，法院应当裁定终结公示催告程序，当事人可以通过诉讼程序解决纠纷，法院不对票据权利义务进行审查，也不组织辩论、调解。非讼程序不解决纠纷。

设题陷阱

1. 公示催告程序仅适用于可以背书转让的票据遗失、灭失或者被盗？

2. 公示催告程序仅适用于基层法院？

3. 公示催告程序中没有答辩程序和开庭审理程序？

4. 利害关系人可以在除权判决作出前向法院申报权利？

5. 对于利害关系人的权利申报，法院只就申报的票据和申请公示催告的票据是否一致进行形式审查，不对票据权利义务进行实质审查？

6. 对于利害关系人的权利申报，法院可以通知申请人到场查验票据，并通过组织双方以辩论、调解等方式解决纠纷？

7. 对于利害关系人的权利申报，法院应当要求其提供证据证明对票据享有权利？

8. 利害关系人申报权利时，法院应当组成合议庭审理？

9. 在公示催告期间利害关系人申报权利的，法院应当裁定终结公示催告程序，当事人可以通过起诉的方式解决票据权利义务纠纷？

10. 在公示催告期间无人申报权利或者申报被驳回的，法院应当作出除权判决？

11. 法院作出除权判决应当组成合议庭？

12. 除权判决应当宣告票据是否无效？

分析：

1. 错误。还有法律规定的其他事项。

2. 正确。

3. 正确。

4. 正确。

5. 正确。

6. 错误。非讼程序不解决纠纷，不能辩论，不能调解。

7. 错误。

8. 错误。作出除权判决才组成合议庭。

9. 正确。

10. 错误。除权判决应当依据申请人的申请作出。

11. 正确。

12. 错误。除权判决应当宣告票据无效。

总结与归纳一：非讼程序规律

1. 特别程序、督促程序、公示催告程序的共同特点在于不解决纠纷。在这些程序中一旦出现“经调解”、“组织双方当事人进行辩论”、“对纠纷进行实质审查”、“要求申报人提供证据证明其对票据享有权利”等涉及解决纠纷、涉及实体权利义务的表述均为错误。

2. 特别程序、督促程序、公示催告程序不解决纠纷，故其程序设计均按照一个模式：相关人员向法院提出申请，法院仅判断是否有纠纷：如果没有纠纷，符合法定条件，则实现申请人的意愿；如果有纠纷，直接终结程序，当事人可以通过诉讼方式解决纠纷，如：

确认调解协议效力	符合条件（无纠纷）	裁定确认调解协议效力，该裁定可以强制执行。
	不符合条件（有纠纷）	裁定驳回申请，当事人可以重新达成调解协议或者通过诉讼方式解决纠纷。
实现担保物权	符合条件（无纠纷）	裁定实现担保物权，该裁定可以强制执行。
	不符合条件（有纠纷）	裁定驳回申请，当事人可以起诉。
督促程序	无纠纷（15日内不提出书面异议也不履行债务）	支付令可以强制执行。
	有纠纷（15日内提出书面异议）	终结督促程序，转入诉讼程序解决纠纷。
公示催告程序	无纠纷（无人申报权利或者申报被驳回）	权利人申请作出除权判决。
	有纠纷（有人申报权利）	终结公示催告程序，当事人可以起诉。

3. 非讼程序中需要公告的程序有：宣告失踪、死亡程序，认定财产无主程序，公示催告程序。

总结与归纳二：民事诉讼法中的公告

1. 人数不确定的代表人诉讼：人数不确定的代表人诉讼，法院应当公告（不少于30天），并通知权利人向法院登记；法院所作判决对参加登记的权利人生效，未参加登记的权利人在诉讼时效期间起诉的，适用该判决、裁定。

2. 公告送达：受送达人下落不明或者适用其他方式无法送达的，可以公告送达（国内诉讼60天，涉外诉讼3个月）。但支付令不允许公告送达，简易程序不允许公告送达。

3. 公益诉讼的公告有两种情形：

（1）检察机关拟提起公益诉讼的，应当进行诉前公告（不少于30天），公告期满没有其他机关、组织提起公益诉讼的，检察机关才能提起公益诉讼；

（2）公益诉讼达成和解、调解协议后，法院应当将和解协议、调解内容予以公告（不少于30天），公告期满，认为不损害公共利益的，应当出具调解书结案；认为损害公共利益的，不予出具调解书，继续对案件进行审理，并作出判决。

4. 宣告失踪、死亡案件（特别程序）应当公告。

5. 认定财产无主案件。法院受理申请后，应当发出财产认领公告。公告满1年无人认领的，判决认定无主财产，收归国家或者集体所有。

6. 公示催告程序的公告有两种情形：

（1）法院受理公示催告申请后，应当发出止付通知，并同时公告，催促利害关系人申报权利，利害关系人应当在除权判决作出前申报权利；

（2）法院作出除权判决后应当公告，自判决公告之日起，申请人有权请求支付人支付。

专题二十三 PROJECT TWENTY-THREE 执行程序

第一节　执行有关制度

考点一　执行根据

执行必须以生效法律文书为根据。可以作为执行根据的有：法院制作的民事判决、裁定、调解书、支付令，刑事附带民事裁判的财产部分，公证机关制作的赋予强制执行效力的公证债权文书，仲裁机构制作的仲裁裁决书，以及法院制作的承认并执行外国法院判决、裁定或者外国仲裁裁决的裁定书。

设题陷阱

1. 民事审判程序是确认民事权利义务关系的程序，民事执行程序是实现民事权利义务关系的程序？

2. 民事审判程序是民事执行程序的前提？

3. 民事执行程序是民事审判程序的继续？

4. 法院对案件裁定再审时，应当裁定终结执行？

分析：

1. 正确。

2. 错误。如赋予强制执行效力的公证债权文书、仲裁裁决书未经审判也能执行。

3. 错误。有些案件虽经审判，但无可供执行内容，不能执行；有些判决虽有可供执行内容，但义务人已经履行义务，无需执行。

4. 错误。裁定再审时应当裁定中止执行，作出新判决时才能撤销原判，才能终结原判决的执行。

考点二　执行管辖

<table>
<tr><td rowspan="3">管辖的确定</td><td colspan="2">1. 执行管辖的确定</td></tr>
<tr><td>执行根据</td><td>执行法院</td></tr>
<tr><td>生效的民事判决、裁定、调解书，以及具有财产内容的刑事判决、裁定书</td><td>一审法院或者与之同级的被执行财产所在地法院</td></tr>
</table>

续表

<table>
<tr><td rowspan="2">管辖的确定</td><td colspan="2">续表
<table><tr><th>执行根据</th><th>执行法院</th></tr><tr><td>非讼案件生效法律文书：如支付令、确认调解协议效力裁定、实现担保物权裁定</td><td>作出该文书的法院或者与之同级的被执行财产所在地法院</td></tr><tr><td>仲裁裁决书、具有强制执行效力的公证债权文书</td><td>被执行人住所地法院或者被执行财产所在地法院</td></tr></table></td></tr>
<tr><td colspan="2">2. 两个以上法院都有管辖权的，当事人可以向其中一个法院申请执行，当事人向两个以上法院申请的，由最先立案的法院管辖，法院在立案前发现其他有管辖权的法院已经立案的，不得重复立案；立案后发现其他有管辖权的法院已经立案的，应当撤销案件；已经采取执行措施的，应当将控制的财产移交先立案的法院处理。</td></tr>
<tr><td rowspan="3">管辖权异议</td><td>异议提出</td><td>收到执行通知书之日起 10 日内。</td></tr>
<tr><td>异议处理</td><td>异议成立——撤销执行案件，告知当事人向有管辖权的法院申请执行。
异议不成立——裁定驳回。</td></tr>
<tr><td>救济</td><td>当事人对执行管辖权异议的裁定不服，可以向上一级法院申请复议。</td></tr>
</table>

总结与归纳：执行管辖与诉讼管辖

<table>
<tr><th></th><th>诉讼管辖</th><th>执行管辖</th></tr>
<tr><td>共同管辖与选择管辖</td><td colspan="2">一个案件两个以上法院都有管辖权的，原告（或申请人）可以选择向其中一个法院起诉（或申请执行），原告（或申请人）先后向两个法院起诉（或申请执行）的，由最先立案的法院管辖</td></tr>
<tr><td>后立案的法院如何处理</td><td>在诉讼中，后立案的法院应当裁定移送管辖</td><td>在执行中，后立案的法院应当裁定撤销案件</td></tr>
<tr><td>提出管辖权异议的时间</td><td>提交答辩状期间</td><td>收到执行通知书 10 日内</td></tr>
<tr><td>异议成立后的处理</td><td>裁定移送管辖</td><td>裁定撤销案件</td></tr>
<tr><td>管辖权异议的救济</td><td>上诉</td><td>上级复议</td></tr>
</table>

考点三　执 行 启 动

移送执行	生效的法律文书执行，一般应由当事人申请，但以下文书可以直接由审判机构移送执行机构执行。

续表

<table>
<tr><td>移送执行</td><td colspan="2">1. 生效的具有给付赡养费、扶养费、抚育费内容的法律文书。
2. 民事制裁决定书。
3. 刑事附带民事判决、裁定、调解书。
4. 环保公益诉讼和检察机关提起的公益诉讼判决、裁定、调解书。</td></tr>
<tr><td rowspan="2">申请执行</td><td colspan="2">1. 法律文书已经生效，且具有明确的权利、义务人和明确的给付内容。
2. 申请人是生效法律文书确定的权利人或其继承人、权利承受人。
3. 当事人在法定期限（2 年）内提出申请。</td></tr>
<tr><td>注意</td><td>此处的 2 年为申请执行的时效，既然是时效，则适用以下规定：
1. 该 2 年适用中止、中断的规定。
2. 申请执行人超过申请执行时效期间向法院申请强制执行的，法院应予受理。被执行人对申请执行时效期间提出异议，法院经审查异议成立的，裁定不予执行。
被执行人履行全部或者部分义务后，又以不知道申请执行时效期间届满为由请求执行回转的，法院不予支持。</td></tr>
<tr><td>执行通知</td><td colspan="2">执行员接到申请执行书或者移交执行书后，应当在 10 日内向被执行人发出执行通知，并可以立即采取强制措施。</td></tr>
</table>

背诵要点

1. 申请执行的 2 年期间适用诉讼时效的规定：

（1）可以中止、中断；

（2）申请人超过时效申请执行，法院应当受理，被申请人提出时效抗辩的，法院审查认为异议成立的，裁定不予执行。

2. 执行员接到执行申请书或者移交执行书后可以立即采取执行措施，不再行指定义务人履行义务的期限。

考点四　执 行 担 保

适用条件	执行中，被执行人向法院提供担保（财产担保、第三人担保），经申请执行人同意，法院可以决定暂缓执行与暂缓执行的期限。（暂缓执行期限应当与担保期限一致，但不得超过 1 年）
义务人拒不履行义务的后果	暂缓执行期限届满后被执行人仍不履行义务，或者暂缓执行期间担保人有转移、隐藏、变卖、毁损担保财产等行为的，法院可以依申请执行人的申请恢复执行，并直接裁定执行担保财产或者保证人的财产，不得将担保人变更、追加为被执行人。
限制	1. 债务限制：执行担保人的财产应当以担保人应当履行的义务为限；且担保人被执行后可以通过诉讼的方式对被执行人进行追偿。 2. 时间限制：担保期间届满后，申请人申请执行担保财产或者担保人的财

续表

限制	产的，法院不予支持。（担保期间自暂缓执行期限届满之日起计算。担保期间以担保书记载为准，没有记载或者记载不明的，担保期间为1年。）

背诵要点

1. 担保期间自暂缓执行期限届满之日计算，担保期间届满，申请人申请执行担保财产或者保证人财产的，不予执行。

2. 权利人可以申请恢复执行的情形有二：一是在暂缓执行期间担保人转移、隐匿、变卖、毁损担保财产；二是暂缓执行期间届满后被执行人仍不履行义务。

3. 恢复执行的，法院可以直接裁定执行担保财产或者保证人的财产，不得将担保人变更、追加为被执行人，也无需考虑担保人的先诉抗辩权。

设题陷阱

例：张三申请执行李四100万，执行中，案外人王五同意为该债务提供担保，且约定担保期间为6个月，被执行人李四申请暂缓执行。经申请人张三同意后，法院决定暂缓执行6个月。

1. 在暂缓执行期间内，王五转移财产，张三可以申请恢复执行？

2. 暂缓执行期间届满后，李四仍不履行债务，张三应当先申请对李四强制执行，仍无法清偿债务时再申请对王五强制执行？

3. 暂缓执行期间届满后，李四仍不履行义务，张三可以申请恢复执行，此时法院可以将王五追加为被执行人对其采取执行措施；

4. 担保期间届满后，张三申请对王五强制执行的，法院不予支持。

分析：

1. 正确。

2. 错误。执行担保中不考虑担保人的先诉抗辩权。

3. 错误。执行担保人时不能将担保人追加、变更为被执行人。

4. 正确。担保期间届满后，担保人不再承担担保义务，不得申请对担保人强制执行。

考点五　执行和解

执行和解	形式	双方将和解协议提交法院： 1. 各方当事人共同向法院提交书面和解协议的； 2. 一方当事人向法院提交书面和解协议，其他当事人予以认可的； 3. 当事人达成口头和解协议，执行人员将和解协议内容记入笔录，由各方当事人签字、盖章的。
	法律效果	法院裁定中止执行，申请人可以申请解除查封、扣押、冻结。

续表

执行和解	后果	和解协议履行完毕	裁定终结执行。但因为执行人迟延履行、瑕疵履行遭受损害的，申请人可以向执行法院另行提起诉讼。
		拒不履行和解协议	权利人可以申请恢复对原生效法律文书的执行，也可以就和解协议提起诉讼。
			恢复执行和就和解协议起诉只能二选一 （1）恢复执行后，对申请执行人就履行执行和解协议提起的诉讼，法院不予受理。 （2）申请执行人就履行执行和解协议提起诉讼，法院受理后，可以裁定终结原生效法律文书的执行。
执行外和解	形式	当事人未向法院提交和解协议。（当事人自行达成和解协议，但未共同将协议提交法院或者一方向法院提出，另外一方当事人不予认可的）	
	法律效果	不会当然导致执行中止这一程序法上的效果；义务人可以以执行异议的方式向法院提出和解协议，法院审查后分情形处理： 1. 和解协议履行完毕的——执行终结。 2. 和解协议正在履行的（如协议约定的履行期限尚未届至的、约定的履行条件尚未成就的、被执行人正在按照和解协议履行义务等）——执行中止。 3. 义务人不履行和解协议、和解协议无效等——驳回异议。（继续执行）	

背诵要点

1. 执行中可以和解，但不允许调解，也不允许根据和解协议制作调解书。

2. 执行和解将导致执行中止，且权利人可以申请解除查封、扣押、冻结。

3. 和解协议履行完毕，法院裁定执行终结。因为迟延履行、瑕疵履行造成损失的可以另行起诉赔偿，不得申请恢复执行。

4. 义务人拒不履行和解协议的，权利人可以申请恢复执行，也可以就和解协议起诉，但二者只能择一：

（1）恢复执行后，对申请执行人就履行执行和解协议提起的诉讼，法院不予受理。

（2）申请执行人就履行执行和解协议提起诉讼，法院受理后，可以裁定终结原生效法律文书的执行。

5. 当事人达成以物抵债的和解协议后，法院不得据此下达以物抵债的裁定。

总结与归纳：执行和解中的三种诉讼

1. 和解协议履行完毕后，裁定执行终结。但因为瑕疵履行、迟延履行等造成损失的，当事人可以向执行法院另行起诉。

2. 达成和解协议后，该和解协议具有可诉性，故：

(1) 权利人可以起诉要求义务人履行和解协议；

(2) 当事人、利害关系人也可以起诉要求确认和解协议无效或者撤销和解协议。

以上三种诉讼均由执行法院管辖。

设题陷阱

法院判决李四归还张三借款100万，李四拒不履行，张三申请强制执行，法院在执行中依法查封了李四的一套60平米的住房准备拍卖，后张三、李四达成协议，约定李四将该套房屋过户给张三以清偿这笔债务。执行员将该协议记入笔录，张三、李四签字。请分析以下表述：

1. 张三、李四可以申请法院根据和解协议制作调解书？

2. 法院可以根据该协议下达以房抵债的裁定？

3. 法院应当裁定中止执行，同时可以根据张三的申请解除对该房屋的查封？

4. 李四按照协议履行和解协议后，法院裁定终结执行；张三认为房屋存在权利缺陷，可以另行向执行法院提起诉讼？

5. 法院中止执行后，李四拒不履行协议，张三可以申请恢复对原判决书的执行？

6. 法院中止执行后，李四拒不履行协议，张三可以申请执行和解协议？

7. 法院中止执行后，李四拒不履行协议，张三可以就和解协议起诉，由执行法院管辖？

8. 李四认为和解协议存在欺诈、胁迫，可以向执行法院提起诉讼请求撤销和解协议？

分析：

1. 错误。执行中不允许调解，也不允许根据和解协议制作调解书。

2. 错误。法院不允许根据和解协议下达以物抵债的裁定。

3. 正确。

4. 正确。

5. 正确。

6. 错误。和解协议不能成为执行依据。

7. 正确。

8. 正确。

考点六 执行回转

执行完毕后，据以执行的法律文书确有错误被法院撤销的，对已经执行的财产，法院应当作出裁定，责令取得财产人返还，拒不返还的，强制执行。

考点七　代位申请执行

条件	1. 被执行人不能清偿债务，但对第三人享有到期债权。 2. 经申请执行人或者被执行人申请。
对第三人的效力	1. 应当自收到通知后 15 日内向申请执行人履行债务，并不得向被执行人清偿。 2. 如果对债权债务关系有异议，在收到通知后 15 日内提出异议。 3. 既不履行债务，又不提出异议，法院可以裁定强制执行。
关于异议	1. 异议原则上要求书面，但允许口头。 2. 第三人在 15 日内提出异议的，不能对第三人强制执行，法院对异议不审查。 3. 第三人提出自己没有履行能力或者自己与申请执行人无直接法律关系的，不属于异议。
对第三人的措施	1. 强制执行：第三人收到履行通知后 15 日内不提出异议，也不履行的。 2. 第三人收到法院要求其向申请执行人履行到期债务通知后，擅自向被执行人履行，造成已向被执行人履行的财产不能追回，第三人应在已履行的财产范围内与被执行人承担连带责任，并可以追究其妨碍执行的责任。
不得再代位执行	对该第三人作出强制执行的裁定后，第三人确无可供执行的财产，不得就第三人对他人享有的到期债权强制执行。

背诵要点

1. 第三人受到履行到期债务的通知后，有如下三种情形：

（1）向申请人清偿债务；

（2）不履行债务也不提出异议，则没有纠纷，15 天之后可以对第三人强制执行；

（3）提出异议，则说明有纠纷，法院不能对第三人强制执行，对该异议也不审查（执行不解决纠纷）。

2. 第三人提出的如下两种情形不构成异议：一是自己没有履行能力；二是自己与申请人没有直接债权债务关系。

3. 第三人的异议可以书面可以口头。

4. 代位申请执行只能代位一次，不能再代位。

设题陷阱

张三申请执行李四 100 万，执行中，李四确无可供执行的财产，但对案外人王五享有 100 万到期债权，张三申请法院向王五发出履行到期债务的通知。请判断以下表述：

1. 王五接到通知后擅自向李四清偿，导致财产无法追回的，在无法追回的范围内王五与李四承担连带责任，且可以追究王五妨碍执行的法律责任？

2. 王五如果对债权债务提出异议，应当通过书面形式？

3. 王五在收到履行到期债务的通知后 15 天内提出异议，法院审查，认为异议成立的，不得对王五强制执行？

4. 王五在收到履行到期债务的通知后 15 天内提出自己与张三没有债权债务关系的，法院不得对王五强制执行？

5. 王五在收到履行到期债务的通知后 15 天内不履行债务也不提出异议的，法院可以对王五强制执行？

6. 王五确实没有可供执行的财产，但是对案外人赵六享有到期债权的，张三可以申请法院向赵六发出履行到期债务的通知？

分析：

1. 正确。

2. 错误。第三人提出异议可以书面也可以口头，此处与对支付令的异议不一样。

3. 错误。只要案外人王五提出异议即不能强制执行王五，法院对异议不审查。

4. 错误。案外人提出的两种主张不构成异议：一是自己缺乏清偿能力，二是自己与申请人不存在债权债务关系。本案中王五提出自己与申请人张三不存在债权债务关系，不构成异议，法院依然可以对王五强制执行。

5. 正确。

6. 错误。代位申请执行只能代位一次，不能再代位。

考点八　参与分配

适用对象	自然人和其他组织。（对法人不能参与分配）
适用情形	1. 有多个申请人对该被申请人享有到期债权，且申请人已经取得执行依据。 2. 被执行人的财产不足以清偿所有债权。 3. 债权人的债权为金钱债权或者已经转化为金钱请求权的债权。 4. 参与分配在执行程序开始后，被执行人的财产执行完毕前。
注意	享有优先权、担保物权的主体依然享有优先受偿权。
分配程序	1. 法院首先制作分配方案送达债权人、债务人，如果债权人、债务人未提出异议，则按照该方案进行分配。 2. 若有人提出异议，则根据异议人的异议修正方案，将该方案送达其他未提出异议的当事人。 3. 其他未提出异议的当事人未对修正后的方案提出异议的，则按照修正后的方案分配。 4. 其他未提出异议的当事人对修正后的方案提出反对意见的，则以异议人为原告，提出反对意见的人为被告提起诉讼——分配方案异议之诉。

背诵要点

1. 参与分配仅适用于自然人和其他组织，不能适用于法人。

2. 对被执行人财产享有优先受偿权的人可以直接申请参加参与分配，并主张优先受偿权。

3. 法院制作分配方案送达所有当事人，如当事人无异议，则直接按照方案分配；如有异议，则将异议送达其他没有提出异议的当事人；如无人反对，则按照异议修改方案后分配，如有人反对，则有纠纷，告知异议人做原告，以反对人为被告进行诉讼。（执行不解决纠纷。）

设题陷阱

1. 参与分配适用于法人或者其他组织的财产不足以清偿所有债务的情形？

2. 甲、乙、丙、丁申请对张某参与分配，法院制作分配方案送达甲、乙、丙、丁和张某，甲、乙对方案提出异议，法院通知了丙、丁和张某。

（1）丙、丁和张某不反对该异议的，则应当按照该异议修改分配方案后进行分配？

（2）丙、丁反对该异议的，应当向上一级法院申请复议？

（3）丙、丁反对该异议的，则丙、丁为原告，以甲、乙为被告进行诉讼？

（4）丙、丁反对该异议的，则甲、乙为原告，以丙、丁为被告进行诉讼？

分析：

1. 错误。参与分配的适用对象是自然人和其他组织。

2. （1）正确；（2）错误；（3）错误；（4）正确。

考点九 对执行行为的异议

异议主体	当事人、利害关系人。
理由和方式	认为执行行为违反法律规定，向执行法院提出书面异议。
法院的处理	15 日内审查： 异议成立——裁定撤销或改正。 异议不成立——裁定驳回。
救济	对法院裁定不服的，可在送达之日起 10 日内向上一级法院申请复议。
异议不停止执行	异议审查和复议期间，不停止执行。

背诵要点

1. 对执行行为的异议必须书面。

2. 对执行行为异议裁定不服的，向上一级法院申请复议。

考点十 案外人对执行标的的异议

案外人在执行中对执行标的主张权利，可以向执行法院提出书面异议，法院审查后认为异议成立的，裁定中止对该标的的执行，认为异议不成立的，裁定驳回申请。

对于法院的裁定可以采取如下方式救济：

<table>
<tr><td colspan="5">情形一：认为原判决、裁定确有错误——审判监督程序。</td></tr>
<tr><td colspan="5">案外人、当事人对执行异议裁定不服，认为原生效判决、裁定确有错误的，可以自执行异议裁定送达之日起6个月内，向作出原判决、裁定、调解书的法院申请再审。</td></tr>
<tr><td colspan="5">情形二：与原判决、裁定无关——执行异议之诉。</td></tr>
<tr><td colspan="5">案外人、当事人对执行异议裁定不服，认为与原生效判决、裁定无关的，可以自裁定送达之日起15日内向执行法院提起执行异议之诉。</td></tr>
<tr><td rowspan="4">执行异议之诉</td><td rowspan="2">法院裁定中止执行</td><td rowspan="2">申请执行人起诉（许可执行之诉）：申请人为原告，案外人为被告；被执行人反对的列为共同被告，不反对的列为第三人。</td><td>胜诉</td><td>判决准许对该执行标的执行。</td></tr>
<tr><td>败诉</td><td>判决驳回诉讼请求。</td></tr>
<tr><td rowspan="2">法院裁定驳回异议</td><td rowspan="2">案外人起诉（案外人异议之诉）：案外人为原告，申请人为被告；被执行人反对的列为共同被告，不反对的列为第三人。</td><td>胜诉</td><td>判决不准许对该执行标的执行。</td></tr>
<tr><td>败诉</td><td>判决驳回诉讼请求。</td></tr>
<tr><td>审理</td><td colspan="4">1. 法院审理执行异议之诉案件，适用一审普通程序审理，所作判决是一审判决，当事人不服的，可以上诉。
2. 诉讼中，由案外人就其对执行标的享有足以排除强制执行的民事权益承担举证证明责任。</td></tr>
</table>

总结与归纳一：民事诉讼中对第三人权利的保护制度及其关系

1. 当事人恶意串通损害第三人合法权益的，法院应当判决驳回诉讼请求，并视情节轻重予以罚款、拘留，构成犯罪的，依法追究刑事责任。

2. 在诉讼中，第三人发现自身权益受到影响，可以以有独三或者无独三方式参加诉讼。

3. 在判决发生法律效力后，（有独三、无独三）因为不能归责于自己的事由没能参加诉讼，有证据证明原生效裁判侵犯自身合法权益的，可以自知道或者应当知道之日起6个月内向作出生效裁判的法院提出第三人撤销之诉。

在第三人撤销之诉中，起诉第三人可以通过两条路实现中止原判执行的目的：一是提供担保，二是提出案外人对执行标的的异议。故在第三人撤销之诉中可以提出案外人对执行标的的异议。法院认为异议成立的，裁定中止执行；异议不成立的，裁定驳回。但值得注意的是，此时法院作出裁定后，当事人不能申请再审，因为此时第三人撤销之诉尚在进行中，第三人撤销之诉与再审不能同时进行。

4. 执行中，案外人可以向执行法院提出案外人对执行标的的异议，法院裁定中止执行或者驳回异议。此时应当视情形通过再审或者执行异议之诉解决纠纷。如果认为原生效裁判错误的，应当申请再审，不能提出第三人撤销之诉。

设题陷阱

例 1：张三起诉李四要求李四归还借款 10 万元，法院判决支持了张三的诉讼请求，判决生效后，张三申请执行。执行中，法院发现李四没有现金及存款，遂将李四家中的一套名贵的红木家具列为执行标的。案外人王某主张这套红木家具是自己委托李四代为保管的，向执行法院主张权利。请判断下列表述：

（1）法院认为异议不成立，裁定驳回，此时案外人王某应当申请再审？

（2）法院认为异议成立，裁定中止执行，张三可以提起许可执行之诉？

（3）张三提起许可执行之诉，应当以王某为被告，李四反对张三主张的，应当列为共同被告，李四未反对的，列为第三人？

（4）法院认为张三的诉讼请求成立的，判决准许执行，诉讼请求不成立的，判决驳回？

（5）法院认为异议不成立的，裁定驳回申请，王某可以提起案外人异议之诉？

（6）王某提起案外人异议之诉，应当以张三为被告，李四反对王某主张的，应当列为共同被告，李四未反对的，列为第三人？

（7）法院认为王某的诉讼请求成立的，判决不准许执行，诉讼请求不成立的，判决驳回？

（8）许可执行之诉和案外人异议之诉统称为执行异议之诉，法院应当适用一审普通程序审理，所作判决可以上诉？

（9）在执行异议之诉中，由案外人对其对执行标的享有足以阻碍执行的权利承担证明责任？

分析：**案外人王某对执行标的主张权利，构成案外人对执行标的的异议。此时作为执行根据的原生效判决仅仅是判决李四归还张三借款 10 万，并未对执行标的（红木家具）的权利归属作出处理，此时属于与原生效判决无关的情形，故对法院裁定不服的，应当通过执行异议之诉的方式解决执行标的（红木家具）的权利归属争议，而不能申请再审，故（1）为错误。而（2）~（9）中涉及执行异议之诉的表述均为正确。**

例 2：老张去世后，儿子张甲、张乙因为一幅名贵字画（该幅字画系老李借予老张鉴赏，实为老李所有）的继承问题发生纠纷，诉至某区法院，法院判决：张甲向张乙支付 20 万元，字画由张甲继承。当事人均未上诉。张乙拒不按照生效法律文书要求将字画交付给张甲，张甲申请法院对该幅字画强制执行。执行中，老张的朋友老李对该幅字画主张权利，向该区法院提出第三人撤销之诉。

（1）在第三人撤销之诉审理中，老李可以提供担保，法院裁定中止执行？

（2）在第三人撤销之诉审理中，老李提出案外人对执行标的的异议，法院审查认为异议成立的，应当裁定中止执行？

（3）在第三人撤销之诉审理中，老李提出案外人对执行标的的异议，法院审查认为异议不成立的，应当裁定驳回，驳回后老李可以对该生效判决申请再审？

分析：

（1）正确。在第三人撤销之诉中，第三人希望中止执行的，有两条路，一是提供担保，二是提出案外人对执行标的的异议。

（2）正确。理由同上。

（3）错误。在第三人撤销之诉中，第三人希望中止执行的，可以向执行法院提出案外人对执行标的的异议，但此时不论法院裁定中止或者驳回后，均不得申请再审。因为此时已经提出了第三人撤销之诉，如果允许第三人再申请再审将会导致第三人撤销之诉和再审同时出现，我们讲过，二者目的相同，绝对不能同时进行。

例3：老张去世后，儿子张甲、张乙因为一幅名贵字画（该幅字画系老李借予老张鉴赏，实为老李所有）的继承问题发生纠纷，诉至某区法院，法院判决：张甲向张乙支付20万元，字画由张甲继承。当事人均未上诉。张乙拒不按照生效法律文书要求将字画交付给张甲，张甲申请法院对该幅字画强制执行。执行中，老张的朋友老李对该幅字画主张权利，向执行法院提出案外人对执行标的的异议。

（1）法院裁定驳回老李的异议后，老李可以提起执行异议之诉？

（2）法院裁定驳回老李的异议后，老李可以申请对原生效法律文书再审？

（3）法院裁定驳回老李的异议后，老李可以对原生效判决提出第三人撤销之诉？

分析：

（1）错误。本案判决的是字画、执行的是字画，属于原生效裁判确有错误。故老李提出案外人对执行标的异议，法院裁定中止或者驳回后应当依法对原生效判决申请再审，而不能提起执行异议之诉。

（2）正确。理由如上。

（3）错误。老李提出案外人对执行标的的异议，法院裁定中止驳回后，如果属于原生效判决确有错误的情形应当依法申请再审，而不能提出第三人撤销之诉。

技术流：第三人撤销之诉、案外人对执行标的的异议、执行异议之诉、再审的关系

在案外人救济制度中，存在两种模型，一是原判确有错误，一是与原生效判决无关。逐一分析：

模型一：判“钱”——执行“房”——异议“房”。

即张三起诉李四要求李四归还借款100万，法院判决李四归还张三100万。张三申请执行，执行时李四没钱，就执行了李四的房。在执行中案外人王五对房屋主张权利。该模型的核心特点是法院判决的和执行的不一样。分析如下：

首先，法院判决李四归还张三100万，该判决并未侵犯王五权利，王五不能提出第三人撤销之诉；

其次，法院执行了李四的房，执行侵犯了王五的权利，王五可以提出案外人对执行标的的异议，法院裁定中止或者驳回后，此种情形属于与原生效判决无关，应当依法提起执行异议之诉，而不能申请再审。

模型二：判"房"——执行"房"——异议"房"

即张三起诉李四争议房屋所有权，法院判决房屋归张三所有。张三申请执行，法院对该房屋采取执行措施。在执行中案外人王五对该房屋主张权利。该模型的核心特点是法院判决的与执行的一样。分析如下：

首先，法院判决该房屋归张三所有，该判决侵犯了王五的权利，王五可以提出第三人撤销之诉。在第三人撤销之诉中，王五希望中止执行，可以提供担保，也可以提出案外人对执行标的的异议。如果此时王五提出了案外人对执行标的的异议，法院裁定中止或者驳回后，王五不能申请再审。因为此时王五已经提出了第三人撤销之诉，第三人撤销之诉本身即可实现撤销原生效判决的目的，故无需再申请再审，否则将会出现第三人撤销之诉与再审同时进行的尴尬。

其次，法院执行该房屋，侵犯了王五的权利，王五可以提出案外人对执行标的的异议，法院裁定中止或者驳回后，此时属于原生效判决确有错误的情形，王五可以申请再审，而不能提起第三人撤销之诉。因为在法院对案外人对执行标的的异议作出裁定后，配套的救济措施只有执行异议之诉和再审，而此种情形属于原生效裁判错误，故此时只能申请再审。

一招制敌

在判断案外人救济措施时，首先判断模型：

如果属于模型一（即判"钱"——执行"房"——异议"房"的情形），则此时生效判决与案外人无关，此时与第三人撤销之诉和再审均无关系，此时王五可以提出案外人对执行标的的异议，法院裁定中止或者驳回后，属于与原生效判决无关，应当依法提起执行异议之诉。

如果属于模型二（即判"房"——执行"房"——异议"房"的情形），此时可能涉及第三人撤销之诉、案外人对执行标的的异议、再审的关系。大家可以直接画出如下图示，"掐头"或者"去尾"即可：

第三人撤销之诉——案外人对执行标的的异议——再审。

图示

"掐头"：即去掉第三人撤销之诉，此时案外人王五可以提出案外人对执行标的的异议，法院裁定中止或者驳回后应当依法申请再审（不能提出第三人撤销之诉)。

“去尾”：去掉再审，此时王五可以提出第三人撤销之诉，在第三人撤销之诉中可以提出案外人对执行标的的异议，但此时法院裁定中止或者驳回后均不能申请再审。

据此分析以上三例：

例1：中，判的是钱，执行的是家具，案外人对家具主张权利，判决的和执行的不一样，属于模型一，此时与第三人撤销之诉和再审无关。案外人王某只能提出案外人对执行标的的异议，法院裁定中止或者驳回之后应当提起执行异议之诉。所以（1）表述错误，（2）表述正确。(3) 到（9）中关于执行异议之诉的表述正确，不再分析。

例2：中，判决的是字画，执行的是字画，案外人老李对字画主张权利，判决的与执行的一样，属于模型二，此时画出“第三人撤销之诉——案外人对执行标的的异议——再审”图示，“掐头”或“去尾”即可。题目中老李提出了第三人撤销之诉，显然保留了头，则应当“去尾”，去掉“再审”，此时老李可以提出第三人撤销之诉，在第三人撤销之诉中可以提供担保或者提出案外人对执行标的的异议，但不论法院裁定中止或者驳回后，均不能申请再审。故（1）、(2) 正确，(3) 错误。

例3：中，判决的是字画，执行的是字画，案外人老李对字画主张权利，判决的执行的一样，属于模型二，此时画出“第三人撤销之诉——案外人对执行标的的异议——再审”图示，“掐头”或“去尾”即可。题目中老李提出了案外人对执行标的的异议，显然选择了“掐头”，故老李提出案外人对执行标的的异议，法院裁定中止或者驳回后，应当依法申请再审，而不能提起第三人撤销之诉。当然，模型二与执行异议之诉无关。(1) 错误，(2) 正确，(3) 错误。

考点十一　执行中变更、追加当事人情形

情形	权利人可申请追加、变更谁为被执行人	救济
公民死亡、宣告死亡	可申请追加、变更遗嘱执行人、继承人、受遗赠人或其他因该公民死亡或被宣告死亡取得遗产的主体为被执行人，在遗产范围内承担责任。 继承人放弃继承或受遗赠人放弃接受遗赠，又无遗嘱执行人的，法院可以直接执行遗产。	上级复议
法人或者其他组织合并	合并后存续或者新设的法人、其他组织。	
法人或者其他组织分立	分立后新设的法人、其他组织。	
个人独资企业不能清偿债务	追加、变更投资人为被执行人，但个体工商户的字号为被执行人的可以直接执行该字号经营者的财产。	

续表

<table>
<tr><th>情形</th><th>权利人可申请追加、变更谁为被执行人</th><th>救济</th></tr>
<tr><td rowspan="2">合伙企业不能清偿债务</td><td>变更追加普通合伙人为被执行人。</td><td></td></tr>
<tr><td>变更、追加未足额出资的有限合伙人为被执行人。</td><td rowspan="4">另行起诉</td></tr>
<tr><td>企业法人不能清偿债务</td><td>追加、变更未缴纳、未足额出资或者抽逃出资的股东、出资人在未缴纳出资或者抽逃出资的范围内承担责任。</td></tr>
<tr><td>一人有限责任公司不能清偿债务</td><td>股东不能证明公司财产独立于自己的财产，可变更追加该股东为被执行人。</td></tr>
<tr><td>公司注销</td><td>公司未经清算即注销的，可变更、追加有限责任公司的股东、股份有限公司的董事和控股股东为被执行人。</td></tr>
</table>

一招制敌

对申请追加、变更当事人裁定不服的救济方式。

1. 如果被追加、变更的当事人只要具有这个身份就应当对被执行人的债务承担责任，那么是否追加其为被执行人只需要进行程序判断，不涉及实体纠纷，上级复议即可；

2. 但有些被申请追加、变更的被执行人只有在满足一定实体条件下才对被执行人的债务承担责任（如有限合伙人只有在未足额出资的情形下才对合伙企业债务承担责任；法人的股东只有在未缴纳、未足额出资、抽逃出资的情形下才对法人债务承担责任；一人有限公司的股东只有在不能证明公司财产独立于个人财产时才对公司债务承担责任；公司注销后，只有未经清算即注销的情形下股东等才对公司债务承担责任），故此时是否追加、变更其为被执行人需要在实体上判断其是否对债务人的债务承担责任，故只能通过另行起诉的方式解决实体纠纷。

设题陷阱

1. 张三申请执行甲公司，在执行中甲公司和乙公司合并成立了丙公司，张三申请法院变更丙公司为被执行人，法院裁定驳回申请，张三对该裁定不服的可以向上一级法院申请复议？

2. 张三申请执行合伙企业甲，在执行中，甲企业不能清偿债务，张三申请追加甲企业合伙人李四为被执行人，法院裁定驳回，张三对该裁定不服的，可以另行起诉？

3. 张三申请执行甲公司，在执行中，甲公司不能清偿债务，张三认为甲公司的股东李四没有足额出资，申请法院追加李四为被执行人，法院裁定追加李四为被执行人，李四对该裁定不服的，可以向上一级法院申请复议？

4. 张三申请执行一人有限责任公司甲公司，甲公司不能清偿债务，张三认为甲公司的股东李四财产与甲公司混同，申请法院追加李四为被执行人，法院裁定驳回，张三可以另行起诉?

分析：

1. 正确。合并、分立后的法人应当对合并、分立前的行为承担责任，对该裁定不服的，上级复议。

2. 错误。此时要分情形，如果李四是普通合伙人，一定要对甲企业债务承担责任，对该裁定不服的上级复议；如果李四是有限合伙人，只有在满足没有足额出资或者抽逃出资的实体条件下才对合伙企业债务承担责任，对该裁定不服则说明存在实体争议，应当另行起诉。

3. 错误。有限责任公司的股东只有在满足未足额出资或者抽逃出资的实体条件下对公司的债务承担责任，故对该裁定不服说明存在实体争议，应当另行起诉。

4. 正确。一人有限责任公司的股东只有在不能证明自身财产独立于公司财产的情形下才对公司债务承担责任，故对该裁定不服说明存在实体争议，应当另行起诉。

考点十二　执行中止与终结

一、执行中止

1. 申请人表示可以延期执行的。

2. 案外人对执行标的提出确有理由的异议的。

3. 作为一方当事人的公民死亡，需要等待继承人继承权利或承担义务的。

4. 作为一方当事人的法人或者其他组织终止，尚未确定权利义务承受人的。

5. 法院认为应当中止的其他情形。

其他情形包括：法院已经受理以被执行人为债务人的破产申请的；被执行人确无财产可供执行的；执行标的物是其他法院或者仲裁机构正在审理的案件争议的标的物，需要等待该案件审理完毕确定权属的；当事人一方申请执行仲裁裁决，另一方申请撤销仲裁裁决的；被执行人申请不予执行仲裁裁决，并提供担保的。

二、执行终结

1. 申请人撤销申请的。

2. 据以执行的法律文书被撤销的。

3. 作为被执行人的公民死亡，无遗产可供执行，又无义务承担人的。

4. 追索赡养费、扶养费、抚育费案件的权利人死亡的。

5. 被执行人（公民）因生活困难无力偿还借款，又无收入来源，丧失劳动能力的。

6. 法院认为应当终结执行的其他情形。

注意：追索赡养费、扶养费、抚育费案件，在诉讼中任意一方当事人死亡即诉讼终结，在执行中权利人死亡应当执行终结，义务人死亡应当执行中止。

总结与归纳：当事人死亡

起诉前	起诉前被告死亡——则起诉时没有明确被告，不符合起诉条件。 法院受理前发现的应当裁定不予受理，受理后发现的应当裁定驳回起诉。
诉讼中	1. 一般案件：诉讼中当事人死亡的，应当裁定诉讼中止，确定继承人、权利承受人后变更当事人；如没有继承人、继承人放弃权利、没有遗产、没有义务承担人的，应当裁定诉讼终结。 2. 离婚诉讼，追索赡养、扶养、抚育费，解除收养关系等身份关系的案件，一方当事人死亡的，直接裁定诉讼终结。
执行中	1. 一般案件：权利人、义务人死亡的，裁定中止执行，等待继承人继承权利、承担义务。 2. 追索赡养、扶养、抚育费案件。 权利人死亡的——执行终结。（因为此时无需继续赡养、扶养、抚育了） 义务人死亡的——执行中止，等待继承人、权利承受人。

第二节 一些重要的执行措施

迟延履行的后果	迟延履行金钱债务	加倍支付迟延履行期间债务利息。
	迟延履行其他义务	迟延履行金：造成损失的双倍补偿损失，未造成损失的由法院酌情确定。
对赔礼道歉、恢复名誉等判决的执行	侵权人拒不执行生效判决，不为对方恢复名誉、消除影响的，法院可以采取公告、登报等方式，将判决书的主要内容与相关情况公布于众，费用由被执行人负担，并可以追究其妨碍执行的责任。	
对特定物的执行	执行标的物为特定物的，应当执行原物。 原物确已毁损或者灭失的，涉及折价赔偿问题，方式有二： 1. 协议：经双方当事人同意，可以折价赔偿。 2. 诉讼：双方当事人对折价赔偿问题不能协商一致的，人民法院应当裁定终结执行程序，申请人可以另行起诉。	
对共有物的执行	对被执行人与其他人共有的财产，人民法院可以查封、扣押、冻结，并及时通知共有人。涉及共有财产分割问题，方式有二： 1. 协议分割：共有人协议分割共有财产，并经债权人认可的，人民法院可以认定有效。 2. 诉讼分割：共有人提起析产诉讼或者申请执行人代位提起析产诉讼的，人民法院应当准许。诉讼期间中止对该财产的执行。	

背诵要点

1. 迟延履行金钱债务的，要加倍支付迟延履行期间债务利息，迟延履行其他义务的，要支付迟延履行金。

2. 拒不履行人民法院生效判决、裁定的，可以罚款、拘留，构成犯罪要追究刑事责任。

3. 执行标的为特定物的应当执行原物，原物已经毁损的涉及折价赔偿，需要解决纠纷，而执行不解决纠纷，故关于折价赔偿方式有二：协议或者诉讼。

4. 对被执行人与他人共有财产可以查封、扣押、冻结，涉及共有财产分割问题，方式有二：（1）协议分割，协议要经债权人认可有效；（2）诉讼分割：共有人可以提起析产诉讼，申请人也可代位提起析产诉讼，诉讼期间中止执行。

设题陷阱

1. 法院判决李四在判决生效后 10 日内向张三赔礼道歉，履行期限届满，李四拒不履行赔礼道歉义务，张三申请执行，法院可以采取哪些措施？

2. 法院判决李四将一副名贵字画（价值 10 万余元）交付给张三，李四拒不交付，张三申请执行，执行中因为李四家中失火，字画被烧毁，请判断如下表述：

（1）法院可以责令李四向张三赔偿 10 万元？

（2）法院可以执行李四与该字画价值相当的其他财产？

（3）张三李四可以协议将该字画折价 8 万元进行赔偿？

（4）张三可以就折价赔偿问题起诉李四？

3. 张三申请执行李四的 50 万，法院查封了李四一处价值 60 万的房屋，经查询该房屋系李四与王五共有，请判断如下表述：

（1）对该房屋法院可以查封？

（2）法院应当裁定中止对该房屋的执行？

（3）李四和王五可以就房屋的分割达成协议，该协议经张三同意后有效？

（4）李四可以起诉王五要求分割房屋？

（5）张三可以起诉要求分割房屋？

分析：

1. 法院可以采取下列措施：

（1）将该判决书在媒体上公布，费用由李四承担；

（2）要求李四支付迟延履行金——履行期限届满，李四未履行义务，构成迟延履行；

（3）对李四罚款、拘留——李四拒不履行法院生效判决，构成妨碍执行。

2. （1）错误。字画到底价值多少是有纠纷的，执行不解决纠纷，只能通过协议或者诉讼方式解决纠纷。

（2）错误。理由同上。

（3）正确。协议折价赔偿。

（4）正确。诉讼折价赔偿。

3. （1）正确。对共有物可以查封、扣押、冻结。

（2）错误。析产诉讼中才能中止执行。

（3）正确。协议分割，协议必须经申请人同意后有效。

（4）正确。共有人起诉分割共有物。

（5）正确。申请人可以代位提起析产诉讼。

总结与归纳：执行中的那些诉讼

执行中有很多“另行起诉”规定，其体现了“审执分离”这一重要原则，即执行不解决纠纷，故出现纠纷即应当通过诉讼方式解决，总结执行中一些重要的“另行起诉”规定如下：

1. 参与分配引发的分配方案纠纷

在参与分配中，法院首先制作分配方案送达债权人、债务人，如果债权人、债务人未提出异议，则按照该方案进行分配；若有人提出异议，则根据异议人的异议修正方案，将该方案送达其他未提出异议的当事人；其他未提出异议的当事人未对修正后的方案提出异议的，则按照修正后的方案分配；其他未提出异议的当事人对修正后的方案提出反对意见的，此时说明当事人对分配方案产生了纠纷，执行不解决纠纷，故应当以异议人为原告，反对人为被告提起诉讼——分配方案异议之诉。

2. 变更、追加当事人引发的纠纷

在执行中，被执行人不能清偿债务，权利人可以申请追加、变更对被执行人债务承担责任的主体为被执行人，对于法院追加或者不予追加的裁定有异议的，应当赋予救济程序，如果被追加、变更的主体只要具有该身份即应当对被执行人的债务承担责任的（如法人合并、分立的，合并分立后的法人要对合并、分立前的债务承担责任，个人独资企业的投资人要对个人独资企业的债务承担责任，合伙企业的普通合伙人要对合伙企业的债务承担责任等），此时只是程序上的异议，上级复议即可；而如果被追加、变更的主体不仅要具有相应身份，而且要满足一定实体条件才需要对被执行人债务承担责任的（如合伙企业的有限合伙人只有在未足额出资、抽逃出资的情形下才需要对合伙企业债务承担责任，法人的股东只有在未足额出资、抽逃出资的情形下才需要对合伙企业债务承担责任，一人有限责任公司的股东只有在不能证明自身财产独立于公司财产的情形下才对公司的债务承担责任等）是否追加、变更该主体作为被执行人则需要判断是否满足相应实体条件，即需要解决实体争议，执行不解决纠纷，故应当通过另行起诉的方式解决实体纠纷。

3. 执行共有物引发的析产纠纷

对被执行人与他人共有的财产可以采取查封、扣押、冻结措施，并及时通知共有人。此时涉及到共有财产的分割（析产），此时有实体争议，执行不解决纠纷，故可以通过协议或者诉讼方式解决纠纷：协议分割的，经过申请执行人同意后法院有效；诉讼分割的，共有人可以提起析产诉讼，申请人亦可以代位提起析产诉讼，诉讼期间，中止执行。

4. 执行特定物引发的折价赔偿纠纷

执行标的为特定物的，应当执行原物，原物确已毁损或者灭失的，涉及折价赔偿问题，产生纠纷，执行不解决纠纷，故可以通过协议或者诉讼方式解决：当事人可以就折价赔偿问题达成协议；无法协议的，另行起诉解决纠纷，此时执行标的灭失，执行无法继续，应当裁定执行终结。

5. 执行和解协议的纠纷

执行中当事人达成和解协议的，法院裁定中止执行：

（1）和解协议履行完毕的，执行终结。因为迟延履行、瑕疵履行等造成损失的，应当另行起诉赔偿；

（2）义务人拒不履行和解协议的，权利人可以选择申请恢复对原生效判决的执行，也可以选择就和解协议起诉；

（3）既然执行和解协议具有可诉性，则当事人不仅可以就和解协议的履行起诉，也可以起诉请求确认和解协议无效或者撤销和解协议等。即可以提起给付之诉，也可以提起确认之诉和形成之诉。

6. 案外人对执行标的的异议引发的后续纠纷

案外人提出对执行标的的异议，法院审查认为异议成立的，裁定中止执行，认为异议不成立的裁定驳回，此时需要解决执行标的的权利归属纠纷，执行不解决纠纷，需要通过诉讼程序解决：如果属于原生效法律文书确有错误，则需要撤销、改变原生效法律文书，需要通过再审程序解决；如果属于与原生效法律文书无关，则需要通过提起执行异议之诉解决。

专题二十四 PROJECT TWENTY-FOUR 涉外民事诉讼程序

<table>
<tr><td colspan="2">涉外民事
诉讼程序</td><td>指法院审理具有涉外因素的民事案件所涉及的程序。
涉外因素包括：当事人涉外；产生、变更、消灭法律关系的事实在国外发生；标的物在国外。</td></tr>
<tr><td colspan="2">委托中国律师
代理诉讼原则</td><td>外国当事人在我国参加诉讼，需要委托律师代理诉讼的，只能委托中国律师代理诉讼，外国律师不能以律师身份参加诉讼。</td></tr>
<tr><td rowspan="3">管辖</td><td>牵连管辖</td><td>因合同纠纷或者其他财产权益纠纷，对在中国领域内没有住所的被告提起诉讼，如果合同在中国签订或者履行，或者诉讼标的物在中国，或者被告在中国有可供扣押的财产，或者被告在中国设有代表机构的，可以由合同签订地、合同履行地、诉讼标的物所在地、可供扣押的财产所在地、侵权行为地或者代表机构住所地法院管辖。
（总之：涉外案件但凡与中国任一地点有联系，该地法院即有管辖权）</td></tr>
<tr><td>协议管辖</td><td>涉外合同或者其他财产权益纠纷案件，除依照《民事诉讼法》第34条的规定约定与争议有实际联系地点的法院管辖外，也可以约定与争议有实际联系地点的外国法院管辖，但依法由中国法院专属管辖的案件除外。
背诵要点：涉外协议管辖与国内协议管辖的唯一区别在于，涉外协议管辖可以协议选择与争议有实际联系地点的外国法院管辖。</td></tr>
<tr><td>专属管辖</td><td>因在中国履行的中外合资经营企业合同、中外合作经营企业合同、中外合作勘探开发自然资源合同发生纠纷提起的诉讼，由中国法院管辖</td></tr>
<tr><td rowspan="3">期间</td><td>答辩期间</td><td>被告在中国领域内没有住所的，答辩期为收到副本后30日，被告申请延期的，是否准许由法院决定。</td></tr>
<tr><td>上诉期间</td><td>在中国领域内没有住所的当事人对判决、裁定的上诉期为30日，被上诉人的答辩期为收到副本后30日；当事人可以申请延长上诉期、答辩期，是否准许由法院决定。</td></tr>
<tr><td>审限</td><td>法院审理涉外民事案件不受一审、二审审限的限制。</td></tr>
</table>

续表

<table>
<tr><td>送达</td><td colspan="3">对在中国领域内没有住所的当事人送达文书，可以采用下列方式：
1. 依照条约规定的方式送达。
2. 外交途径。
3. 我国驻外使、领馆代为送达：我国司法机关直接委托我国驻当事人所在国使、领馆向该国中国籍当事人送达法律文书。
4. 向受送达人委托的人送达。
5. 向受送达人设在我国的代表机构送达。
6. 邮寄送达：需要受送达人所在国法律允许；邮寄之日起满 3 个月，送达回证没有退回的，根据各种情况足以认定已经送达的，期间届满日即视为送达。
7. 电子送达：采用传真、电子邮件等能够确认受送达人收悉的方式送达。
8. 公告送达：上述方式均不能送达时，可公告送达，公告之日起满 3 个月视为送达。</td></tr>
<tr><td rowspan="3">司法协助</td><td>一般司法协助（代为送达文书、调查取证）</td><td colspan="2">1. 外国驻中国使领馆可以向其本国公民送达文书、调查取证，但不得违反中国法律，并不得采取强制措施。
2. 我国法院应外国法院的请求提供司法协助，依照中国法律规定的程序进行；外国法院请求采取特殊方式的，也可以按照其请求的特殊方式进行，但不得违反中国法律。</td></tr>
<tr><td rowspan="2">特殊司法协助</td><td>对外国法院裁判的承认与执行。</td><td>1. 直接由当事人向我国有管辖权的中级法院申请执行。
2. 由外国法院按照我国与外国间的条约关系或互惠关系向我国法院申请。</td></tr>
<tr><td>对外国仲裁裁决的承认与执行。</td><td>由当事人直接向被执行人住所地或财产所在地的中级法院申请。</td></tr>
</table>

背诵要点

1. 委托中国律师代理诉讼原则仅禁止外国律师以律师身份担任代理人，不禁止外国人担任代理人，也不禁止外国律师以非律师身份担任代理人。

2. 涉外协议管辖跟国内协议管辖规定一样，仅仅是可以协议选择的法院包括与争议有实际联系地点的外国法院。其余规定一样：仅适用于财产纠纷，书面形式，与争议有实际联系，不得违背级别管辖和专属管辖。

3. 在涉外民事诉讼程序中，有些规定适用于所有涉外民事案件，有些规定仅仅对在中国领域内没有住所的当事人适用，总结如下：

（1）所有涉外民事诉讼均不受一审、二审审限限制。

（2）特殊的送达方式，特殊的上诉期、答辩期、对上诉状的答辩期仅仅适用于在中国领域内没有住所的当事人，即只看住所，不看国籍。

4. （1）外国法院判决在中国的承认和执行有两种方式：一是当事人直接向有管辖权的我国法院申请承认和执行；二是当事人向外国法院申请，外国法院根据条约、互惠关系申请我国法院承认和执行。

（2）外国仲裁机构的裁决在我国法院的承认和执行只有一种方式：当事

人直接向我国法院申请承认和执行。

设题陷阱

1. 外国人不允许在中国担任代理人？

2. 当事人在不违反级别管辖和专属管辖的前提下，可以约定各类涉外民事案件的管辖法院，体现了尊重当事人原则？

3. 涉外民事诉讼中，双方当事人的上诉期，无论是不服判决还是不服裁定，一律都是 30 日？

4. 涉外民事诉讼可以采用与国内民事诉讼不同的送达方式？

5. 对居住在国外的外国当事人，可以通过我国驻该国的使领馆代为送达诉讼文书？

6. 所有涉外民事诉讼均不受一审、二审审限的限制？

7. 外国法院的判决书和仲裁裁决书可以由当事人直接向中国有管辖权的法院申请承认和执行，也可以由外国法院根据条约或者互惠关系请求我国法院承认和执行？

分析：

1. 错误。仅仅是外国律师不准以律师身份担任代理人。

2. 错误。只能就合同或者其他财产权益纠纷协议管辖。

3. 错误。30 天上诉期的特殊规定仅仅适用于在中国境内没有住所的当事人。

4. 错误。特殊的送达方式仅仅适用于在中国境内没有住所的当事人。

5. 错误。使领馆送达只能对在该国的中国公民适用。

6. 正确。

7. 错误。

PROJECT TWENTY-FIVE

专题二十五 仲　裁

考点一　仲裁概述

1. 可以仲裁的纠纷限于财产纠纷（平等主体之间的合同或者其他财产权益纠纷）。

2. 婚姻、收养、监护、扶养、继承等身份关系纠纷不适用仲裁。

3. 仲裁委员会为民间组织，仲裁为社会救济。

4. 仲裁裁决一裁终局，并具有强制执行力。

设题陷阱

1. 仲裁机构是民间组织，仲裁属于社会救济，法院是国家机关，诉讼属于公力救济？

2. 民事诉讼可以解决各类民事纠纷，仲裁不适用与身份关系有关的民事纠纷？

3. 民事诉讼实行两审终审，仲裁实行一裁终局？

分析：

1. 正确。

2. 正确。

3. 正确。

考点二　仲裁协议

<table>
<tr><td>形式</td><td colspan="2">书面形式。（仲裁条款、仲裁协议书、其他书面形式）</td></tr>
<tr><td>内容</td><td colspan="2">1. 请求仲裁的意思表示。
2. 仲裁事项：争议事项具有可仲裁性。
3. 选定的仲裁委员会。（明确、具体、唯一）</td></tr>
<tr><td rowspan="2">仲裁协议的效力</td><td>效力体现</td><td>当事人达成仲裁协议，一方起诉未声明有仲裁协议，法院受理后，另一方在首次开庭前提交仲裁协议的，应当驳回起诉，但仲裁协议无效的除外；另一方在首次开庭前未对法院受理该案提出异议的，视为放弃仲裁协议，法院应当继续审理。（《仲裁法》第26条）</td></tr>
<tr><td>仲裁条款的独立性</td><td>仲裁协议独立于合同的内容而存在，合同的变更、解除、终止或者无效，不影响仲裁协议的效力。</td></tr>
</table>

续表

<table>
<tr><td rowspan="3">仲裁协议的效力</td><td>仲裁条款效力的扩张</td><td colspan="2">1. 当事人订立仲裁协议后合并、分立的，仲裁协议对其权利义务的继受人有效，另有约定的除外。
2. 当事人订立仲裁协议后死亡的，仲裁协议对承继其仲裁事项中的权利义务的继承人有效，另有约定的除外。
3. 债权债务全部或者部分转让的，仲裁协议对受让人有效，但当事人另有约定、在受让债权债务时受让人明确反对或者不知有单独仲裁协议的除外。</td></tr>
<tr><td rowspan="2">效力的确认</td><td>确认机关</td><td>1. 法院裁定：仲裁协议签订地、仲裁协议约定仲裁机构所在地、申请人住所地、被申请人住所地中院。
2. 仲裁委员会决定：仲裁协议约定的仲裁委员会。
注意：法院的确认权优先：
（1）当事人对仲裁协议效力有异议，可以申请法院裁定，也可以申请仲裁委员会决定。
（2）一方找法院，一方找仲裁委员会，法院确认优先。
（3）但仲裁委员会先于法院接受申请，并已经作出决定的，法院不再受理。</td></tr>
<tr><td>时间</td><td>对仲裁协议效力有异议，应当在仲裁庭首次开庭前提出。</td></tr>
</table>

背诵要点

1. 仲裁协议必须是书面形式，口头形式的仲裁协议无效。

2. 仲裁协议约定的仲裁委员会必须明确、具体、唯一。

（1）仲裁委最低设在设区的市，区、县以及不设区的市没有仲裁委。

（2）约定两个以上仲裁委员会的，当事人可以协议选择其中之一，无法达成一致意见的，仲裁协议无效。

（3）当事人约定纠纷既可以仲裁，又可以起诉的，仲裁协议无效。但主张仲裁协议无效应当在仲裁庭首次开庭前提出。一方根据该仲裁协议向仲裁委申请仲裁，另一方未在仲裁庭首次开庭前主张仲裁协议无效的，仲裁庭有权仲裁。

3.《仲裁法》第26条，拆解如下：

案例：甲乙双方在合同中有仲裁条款，现在发生纠纷，甲向被告住所地法院起诉。

（1）如果法院受理案件前，发现了合同中的仲裁条款，此时由于有有效的仲裁条款，法院不能行使管辖权，于是裁定不予受理；

（2）如果法院受理后，被告在首次开庭前提出仲裁协议，法院审查仲裁协议有效，此时由于存在有效的仲裁条款，法院不能行使管辖权，于是裁定驳回起诉；

（3）如果法院受理后，被告在首次开庭前提出仲裁协议，但是法院经审查认为仲裁协议无效，此时双方不存在有效仲裁协议，法院有管辖权，应当继续审理；

（4）如果法院受理后，被告在首次开庭前没有提出仲裁协议，而在首次开庭后提出，此时由于甲向法院起诉，乙未在首次开庭前提出仲裁协议，法院有管辖权，应当继续审理。

4. 仲裁条款的效力独立于合同存在，不会因为合同的无效、解除、撤销而无效、解除、撤销。

5. 仲裁协议约定的仲裁委或者仲裁协议签订地、仲裁机构所在地、申请人住所地、被申请人住所地中级法院均有权确认仲裁协议的效力。一方向法院申请确认仲裁协议效力，另一方向仲裁委员会申请确认仲裁协议效力，由法院受理。但仲裁委员会先于法院接受申请，并已经作出裁决的，法院不再受理。

6. 当事人对仲裁协议效力提出异议应当在仲裁庭首次开庭前提出。当事人未在仲裁庭首次开庭前对仲裁协议效力提出异议的，仲裁委有权仲裁。之后当事人不得再次对仲裁协议效力提出异议，也不得以仲裁协议无效为由申请撤销或者不予执行仲裁裁决。

设题陷阱

1. 甲公司和乙公司签订买卖合同，同时约定发生纠纷由广州仲裁委或者深圳仲裁委申请仲裁。

（1）本案仲裁协议当然无效？

（2）甲公司向合同履行地法院起诉，法院应当受理？

2. A区甲公司和B区乙公司在C区签订租赁合同，约定将乙公司位于D区的房屋租赁给甲公司，同时约定发生纠纷可以向广州仲裁委申请仲裁，也可以向C区法院起诉。后来因为履行该合同发生纠纷。

（1）甲公司应当向C区法院起诉？

（2）甲公司向广州仲裁委申请仲裁，乙公司未参加首次开庭，而是在第二天向广州中院申请确认仲裁协议无效，广州中院对其主张不予支持？

3. A区甲公司和B区乙公司在C区签订加工合同，约定将乙公司在D区为甲公司加工一批家具，同时约定发生纠纷可以向广州仲裁委申请仲裁，也可以向C区法院起诉。后来因为履行该合同发生纠纷。

（1）甲公司应当向C区法院起诉？

（2）甲公司向广州仲裁委申请仲裁，乙公司参加仲裁后，广州仲裁委裁决支持了甲公司的仲裁请求，乙公司可以仲裁协议无效为由申请广州中院撤销仲裁裁决？

4. A区甲公司和B区乙公司签订买卖合同，约定将乙公司在C区为甲公司提供一批木材，同时约定发生纠纷可以向A区仲裁委申请仲裁。后来乙公司在D区为甲公司提供了这批木材，因为木材质量问题发生纠纷，甲公司可以向B区法院或者C区法院起诉？

5. 甲公司和乙公司签订买卖合同，约定因为合同纠纷应当由广州仲裁委仲裁。后来该合同因为违反法律强制性规定而无效，甲、乙公司可以通过诉讼方式解决赔偿纠纷？

6. 甲公司和乙公司签订买卖合同，同时约定因为履行该合同发生纠纷由广州仲裁委仲裁。后来甲公司将合同权利义务转让给丙公司，丙公司和乙公司履行合同发生纠纷，可以通过诉讼方式解决赔偿纠纷？

7. 广州的甲公司与深圳的乙公司在南京签订买卖合同，同时约定因为履行本合同发生纠纷由杭州仲裁委仲裁。甲公司可以向杭州仲裁委或者广州中院、深圳中院、南京中院以及杭州中院申请确认仲裁协议无效？

8. 甲公司与乙公司签订买卖合同，同时约定发生纠纷由广州仲裁委仲裁。后来因为履行该合同发生纠纷，甲公司向广州仲裁委申请仲裁，乙公司在首次开庭前向广州仲裁委提出异议，主张仲裁协议无效，广州仲裁委驳回了其异议后，乙公司向广州中院申请确认仲裁协议无效，广州中院对乙公司的申请应当不予受理？

9. 甲公司因为合同纠纷向被告住所地法院起诉乙公司，法院受理案件后，乙公司在法院首次开庭前向法院主张双方当事人已经签订了仲裁协议，约定“因为合同纠纷双方当事人同意由广州仲裁委仲裁”，法院应当裁定驳回甲公司起诉？

10. 甲公司因为合同纠纷向被告住所地法院起诉乙公司，法院受理案件后依法审理并判决乙公司败诉。乙公司以双方签订了仲裁协议为由向中院提起上诉，请求中院撤销一审判决，驳回原告起诉。中院应当判决驳回上诉，维持原判？

11. 甲公司因为合同纠纷向被告住所地法院起诉乙公司，法院受理后，乙公司在首次开庭前向法院主张双方当事人签订了仲裁协议，约定“因为合同纠纷双方当事人均同意由北京市东城区仲裁委仲裁”，法院应当裁定驳回甲公司起诉？

分析：

1.（1）错误。仲裁协议约定两个以上仲裁机构的，当事人可以协议选择其中的一个仲裁机构申请仲裁；当事人不能就仲裁机构选择达成一致的，仲裁协议无效。“当然”二字过于绝对。

（2）正确。仲裁协议约定两个以上仲裁机构，当事人并未协议选择其中一个仲裁机构，仲裁协议无效，故可以通过诉讼解决纠纷。合同纠纷由被告住所地或者合同履行地法院管辖。

2.（1）错误。首先或裁或审仲裁协议无效，本案由法院主管。其次本案属于不动产租赁合同纠纷，应当由不动产所在地法院专属管辖，应当向不动产所在地D区法院起诉。本案虽然协议由C区法院管辖，但该管辖协议违背专属管辖而无效。

（2）正确。或裁或审仲裁协议无效。但当事人要主张仲裁协议无效应当在仲裁庭首次开庭前提出。

3.（1）正确。首先或裁或审仲裁协议无效，本案由法院主管。分析管辖，首先本案不存在专属管辖；其次本案存在有效的管辖协议，应当按照管辖协议由C区法院管辖。

（2）错误。对仲裁协议效力有异议应当在仲裁庭首次开庭前提出。在首次开庭前未对仲裁协议效力提出异议的，仲裁委有权仲裁，当事人不得再主张仲裁协议无效，也不得以仲裁协议无效为由申请撤销或者不予执行仲裁裁决。

4. 正确。首先A区没有仲裁委，仲裁协议无效，本案由法院主管。分析管辖，首先本案不存在专属管辖；其次本案没有管辖协议，故应当由被告住所地或者合同履行地法院管辖，本案约定履行地与实际履行不一致，以约定为准，故应当由B区或者C区法院管辖。

5. 错误。仲裁协议效力独立性，合同无效并不导致仲裁协议无效。故本案存在有效仲裁协议，不能起诉。

6. 错误。仲裁条款效力的扩张，合同债权债务转让的，仲裁条款对受让人有效。故受让人丙公司与乙公司之间依然存在仲裁协议，不能起诉。

7. 正确。确认仲裁协议效力可以向约定的仲裁委或者申请人住所地、被申请人住所地、仲裁协议签订地以及仲裁委所在地中院申请。

8. 正确。本案仲裁委已经先于法院接受确认仲裁协议效力的申请，并且已经做出决定，法院对当事人确认仲裁协议效力的申请应当不予受理。

9. 正确。

10. 正确。双方当事人虽有仲裁协议，但一方向法院起诉，另一方在首次开庭前没有提出仲裁协议的，视为放弃仲裁协议，法院应当继续审理。故乙公司的上诉理由不成立，二审法院应当判决驳回上诉，维持原判。

11. 错误。东城区没有仲裁委，仲裁协议无效，法院应当继续审理。

考点三　仲裁程序

<table>
<tr><td>仲裁中的财产保全和证据保全</td><td colspan="3">1. 当事人向仲裁委员会递交书面申请。
2. 仲裁委员会应当将当事人的申请按照《民事诉讼法》的规定提交法院。（国内仲裁为基层法院，涉外仲裁为中级法院）
3. 法院依照《民事诉讼法》的规定进行审查，并且裁定是否保全。</td></tr>
<tr><td rowspan="3">仲裁庭的组成</td><td>仲裁庭的组成形式</td><td colspan="2">独任仲裁还是由3名仲裁员合议仲裁，由当事人约定。
当事人没在指定期限内约定的，由仲裁委员会主任指定。</td></tr>
<tr><td rowspan="2">仲裁庭的组成</td><td>合议庭</td><td>当事人各自选定或者各自委托主任指定1名仲裁员，第三名仲裁员（即首席仲裁员）由当事人共同选定或者共同委托主任指定；当事人在规定期间没有选定的，由主任指定。</td></tr>
<tr><td>独任庭</td><td>当事人共同选定或者共同委托主任指定。</td></tr>
<tr><td rowspan="2">仲裁员的回避</td><td>回避对象</td><td colspan="2">仲裁员</td></tr>
<tr><td>回避理由</td><td colspan="2">1. 是本案当事人或者当事人、代理人的近亲属。
2. 与本案有利害关系。</td></tr>
</table>

续表

仲裁员的回避	回避理由	3. 与本案当事人、代理人有其他关系，可能影响公正仲裁的。 4. 私自会见当事人、代理人，或者接受当事人、代理人请客送礼的。
	回避方式	自行回避、申请回避。
	回避决定	仲裁员——主任；主任——仲裁委员会。
	回避后果	1. 重新选定或者指定仲裁员。 2. 由仲裁庭决定仲裁程序是否重新进行，当事人可以提出申请。
仲裁审理方式	1. 开庭审理为原则，当事人协议不开庭的可以书面审理。 2. 不公开审理为原则，当事人协议公开的，可以公开，但涉及国家秘密的除外。	
撤回申请和缺席裁决	撤回申请	撤回后反悔的可以依据原仲裁协议重新仲裁。
	视为撤回申请	1. 申请人经书面通知，无正当理由不到庭。 2. 申请人未经仲裁庭许可中途退庭的。
	缺席裁决	被申请人经书面通知，无正当理由不到庭或未经许可中途退庭的。
和解	达成和解协议后的处理	1. 请求仲裁庭根据和解协议作出裁决书。 2. 撤回仲裁申请。
	撤回申请后反悔的	可以根据原仲裁协议申请仲裁。
调解	仲裁庭在作出裁决前，可先行调解；当事人自愿调解的，仲裁庭应当调解。	
	达成调解协议后的处理	制作调解书或者根据调解协议的结果制作裁决书。
	调解书的生效	当事人签收后。
裁决	裁决的作出	少数服从多数为原则，形不成多数意见的按首席仲裁员意见作出裁决；不同意见可以记入笔录；裁决书由仲裁员签名，对裁决持不同意见的仲裁员可以签名，也可不签。
	裁决书的补正	文字错误，计算错误，已裁决但裁决书遗漏的事项仲裁庭可以补正，当事人也可以在收到裁决之日起 30 日内向仲裁庭申请补正。
	裁决书的效力	1. 裁决自作出之日起生效。 2. 当事人不得就已经裁决的事项再行申请仲裁，也不得起诉。 3. 仲裁裁决具有强制执行力。

背诵要点

1. 仲裁员回避后，仲裁程序是否重新进行由仲裁庭决定。
2. 仲裁以不公开、开庭审理为原则。
3. 仲裁中达成和解协议后结案方式有二：

一是根据和解协议制作裁决书——仲裁中可以根据和解、调解协议制作裁决书；

二是撤回申请——撤回申请后可以根据原仲裁协议重新申请仲裁，不能起诉。

4. 仲裁中达成调解协议后可以制作调解书，也可以根据调解协议结果制作裁决书。

5. 仲裁裁决少数服从多数，形不成多数意见的要按照首席仲裁员意见作出裁决，对裁决持不同意见的仲裁员可以拒绝签名。

总结与归纳一：仲裁中涉及法院的管辖问题

除了国内仲裁的财产保全和证据保全由基层法院管辖外，其余的情形看见仲裁找中级法院。如：确认仲裁协议效力、涉外仲裁的财产保全和证据保全、执行仲裁裁决、撤销仲裁裁决等由中级法院管辖。

总结与归纳二：调解、和解

1. 仲裁中可以根据调解、和解协议制作裁决书。

2. 诉讼中不能根据调解、和解协议制作判决书，但以下两个例外可以根据调解、和解协议制作判决书：

（1）无民事行为能力人的离婚案件；

（2）涉外民事案件。

总结与归纳三：纠纷的解决——起诉还是仲裁？

1. 撤回仲裁申请后反悔或者对方不履行的，应当根据原仲裁协议申请仲裁，不得提起诉讼。

2. 仲裁裁决被撤销后，当事人可以重新达成仲裁协议申请仲裁，也可以向法院起诉。

3. 仲裁裁决被不予执行后，当事人可以重新达成仲裁协议申请仲裁，也可以向法院起诉。

总结与归纳四：签名、署名、不同意见的表达

1. 判决书由合议庭成员、书记员署名，署名不用承担责任，不同意见无需记录。

2. 合议庭评议笔录由合议庭成员签名，签名要承担责任，不同意见应当如实记入笔录。

3. 鉴定意见由鉴定人签名，签名要承担责任，不同意见应当如实注明。

4. 仲裁裁决书由仲裁员签名，签名要承担责任，持不同意见可以拒绝签名。

规律：签名者要承担责任，故不同意见需要表明；署名者不一定需要承担责任，故不同意见不需要表明。

设题陷阱

1. 诉讼中当事人可以申请财产保全，在仲裁中不可以申请财产保全？

2. 民事诉讼中财产保全由法院负责执行，而仲裁机构则不介入任何财产保全活动？

3. 在仲裁程序启动前，申请人可直接向法院申请证据保全？

4. 仲裁程序启动后，申请人既可直接向法院申请证据保全，也可向仲裁委员会申请证据保全？

5. 仲裁委员会收到保全申请后，应将申请提交证据所在地中级法院？

6. 在一定情况下，法院可以依职权收集证据，仲裁庭也可以自行收集证据？

7. 在仲裁和诉讼中，当事人都可以约定适用独任制或者合议制？

8. 仲裁员回避后，应当由仲裁委员会主任另行指定仲裁员？

9. 仲裁员回避后，仲裁程序是否需要重新进行由仲裁庭决定，而诉讼中审判人员回避后诉讼程序是否需要重新进行由作出回避决定的人决定？

10. 仲裁不需对案件进行开庭审理，诉讼原则上要对案件进行开庭审理？

11. 仲裁以不公开审理为原则，诉讼以公开审理为原则？

12. 仲裁中可以根据调解或者和解协议制作裁决书，而诉讼中原则上不能根据和解、调解协议制作判决书？

13. 民事诉讼和仲裁都按照少数服从多数原则作出判决或者裁决，形不成多数意见的，仲裁中按照首席仲裁员的意见裁决，而诉讼中则不能按照审判长的意见作出判决？

14. 民事诉讼判决书需要审理案件的全体审判人员签署，仲裁裁决则可由部分仲裁庭成员签署？

15. 仲裁调解达成协议的，仲裁庭应当根据协议制作调解书或根据协议结果制作裁决书？

16. 仲裁庭在作出裁决前可先行调解，达成协议的，经当事人、仲裁员在协议上签字后即发生效力？

17. 仲裁裁决书认定事实错误或者适用法律错误的，可以予以补正？

分析：

1. 错误。

2. 错误。

3. 正确。属于仲裁前证据保全。

4. 错误。仲裁程序中，当事人只能向仲裁委员会申请保全。

5. 错误。国内仲裁的财产保全和证据保全交基层法院，涉外仲裁的财产保全和证据保全交中级法院。

6. 正确。仲裁庭认为有必要时可以自行调查收集证据。

7. 错误。在诉讼中不能对合议制与独任制进行任意约定。

8. 错误。应当由当事人重新选定或者重新委托主任指定，不能直接由主任指定。

9. 错误。诉讼中审判人员回避后，诉讼程序不需要重新进行。

10. 错误。仲裁原则上需要开庭审理，但当事人约定不开庭的可以书面审理。

11. 正确。

12. 正确。

13. 正确。

14. 正确。

15. 正确。

16. 错误。

17. 错误。

考点四　仲裁裁决的撤销

<table>
<tr><td colspan="2">管辖权</td><td colspan="3">仲裁委员会所在地中级法院。</td></tr>
<tr><td colspan="2">法定情形</td><td colspan="3">1. 没有仲裁协议的。
2. 裁决的事项不属于仲裁协议的范围或者仲裁委员会无权仲裁的。
3. 仲裁庭的组成或者仲裁的程序违反法定程序的。
4. 裁决所依据的证据是伪造的。
5. 对方当事人隐瞒了足以影响公正裁决的证据的。
6. 仲裁员在仲裁该案时有索贿受贿、徇私舞弊、枉法裁决行为的。</td></tr>
<tr><td colspan="2">审查</td><td colspan="3">法院应当在受理撤销申请之日起2个月内组成合议庭审查。</td></tr>
<tr><td rowspan="5">审查结果</td><td>不符合情形</td><td colspan="3">裁定驳回撤销仲裁裁决申请。</td></tr>
<tr><td rowspan="4">符合情形</td><td colspan="3">撤销仲裁裁决</td></tr>
<tr><td rowspan="3">通知重新仲裁</td><td>情形</td><td>1. 仲裁裁决所根据的证据是伪造的。
2. 对方当事人隐瞒足以影响公正裁决的证据的。</td></tr>
<tr><td>重新仲裁的主体</td><td>仲裁庭</td></tr>
<tr><td>注意</td><td>1. 通知重新仲裁后，法院应当裁定中止撤销程序。
2. 法院应当在通知中说明重新仲裁的理由。
3. 对该通知，由仲裁庭决定是否采纳，仲裁庭在指定的期限内开始重新仲裁的，法院应当裁定终结撤销程序；未开始重新仲裁的，法院应当裁定恢复撤销程序。
4. 重新仲裁无需重新组成仲裁庭。</td></tr>
<tr><td colspan="2">撤销仲裁裁决的后果</td><td colspan="3">当事人可以起诉或者重新达成仲裁协议仲裁。</td></tr>
</table>

背诵要点

1. 撤销或者不予执行仲裁裁决的理由仅限于：程序错误，伪造、隐瞒证据，仲裁员徇私舞弊三类情形，而法律适用错误、证据不足、认定事实错误等均不是撤销或者不予执行仲裁裁决的理由。

2. 对于撤销仲裁裁决的申请法院应当组成合议庭审查，但并非普通程序。

3. 在撤销仲裁裁决中仅限于伪造、隐瞒证据情形可以通知仲裁庭重新仲裁，而其余情形不能通知。同时，在不予执行仲裁裁决程序中不存在通知重新仲裁的问题。

4. 仲裁裁决被撤销或者不予执行后，可以通过起诉或者重新达成仲裁协议申请仲裁等方式解决纠纷。

考点五　仲裁裁决的执行

1. 仲裁裁决是具有强制执行力的文书，属于执行根据。

2. 一方申请执行裁决，另一方申请撤销裁决的，裁定中止执行：

（1）法院裁定撤销裁决的，应当裁定终结执行；

（2）法院裁定驳回撤销申请的，应当裁定恢复执行。

3. 仲裁裁决执行由被执行人住所地或者被执行财产所在地中院管辖；如果执行标的额符合基层法院级别管辖标准，中院可以报请高院批准后指定被执行人住所地或者被执行财产所在地基层法院执行（管辖权转移）。

考点六　仲裁裁决的不予执行

情形	与撤销仲裁裁决情形一致。
管辖法院	受理执行申请的法院。
审查	法院裁定中止执行，并组成合议庭进行审查。
不予支持不予执行申请的情况	下列情形，当事人申请不予执行仲裁裁决书的，法院不予支持： （1）当事人请求不予执行仲裁调解书或者根据当事人之间的和解协议作出的仲裁裁决书的； （2）当事人在仲裁程序中未对仲裁协议的效力提出异议，在仲裁裁决作出后以仲裁协议无效为由主张撤销仲裁裁决或者提出不予执行抗辩的； （3）当事人向法院申请撤销仲裁裁决被驳回后，又在执行程序中以相同理由提出不予执行抗辩的。
不予执行的后果	当事人可以重新达成仲裁协议仲裁，也可以起诉。

设题陷阱

1. 仲裁裁决适用法律错误可以作为申请撤销仲裁裁决或者不予执行仲裁裁决的理由？

2. 对于撤销仲裁裁决的申请，法院应当适用普通程序审理?

3. 仲裁当事人申请撤销仲裁裁决被法院驳回，此后以相同理由申请不予执行，法院不予支持?

4. 仲裁当事人在仲裁程序中没有提出对仲裁协议效力的异议，此后以仲裁协议无效为由申请撤销或不予执行，法院不予支持?

5. 申请撤销仲裁裁决或申请不予执行仲裁裁决程序中，法院可通知仲裁机构在一定期限内重新仲裁?

6. 仲裁裁决被撤销或者不予执行后，当事人可以根据原仲裁协议申请重新仲裁?

分析：

1. 错误。

2. 错误。应当组成合议庭审理，合议制≠普通程序。

3. 正确。

4. 正确。

5. 错误。只有在撤销仲裁裁决中才有重新仲裁程序，而在不予执行仲裁裁决中并无重新仲裁程序。

6. 错误。应当起诉或者重新达成仲裁协议申请仲裁。

PROJECT TWENTY-SIX

专题二十六 《民事诉讼程序繁简分流改革试点实施办法》要点解读

项目	正常规定	试点地区特殊规定
一、确认调解协议效力		
管辖	当事人申请确认调解协议效力的，由调解组织所在地基层法院管辖。	当事人选择由特邀调解员调解的，由调解协议签订地基层法院管辖。 案件符合级别管辖或者专门管辖标准的，由对应的中院或者专门法院管辖。
二、小额诉讼程序		
适用程序	基层法院及其派出法庭审理的事实清楚，权利义务关系明确、争议不大的民事案件，标的额为各省上年度就业人员年均工资30%以下的，一审终审。	标的额小于5万——适用小额诉讼程序； 标的额5万以上，10万以下，当事人约定适用小额诉讼程序的，可以适用小额诉讼程序；
审限	无规定	小额诉讼程序应当在立案之日起2个月内审结；特殊情况院长批准后可以延长1个月。
三、简易程序		
公告送达	1. 简易程序不得公告送达； 2. 起诉时被告下落不明的案件不能适用简易程序	事实清楚、权利义务关系明确的简单案件，需要公告送达的，可以适用简易程序审理。
简化庭审程序	无	（一）开庭前已经通过庭前会议或者其他方式完成当事人身份核实、权利义务告知、庭审纪律宣示的，开庭时可以不再重复； （二）经庭前会议笔录记载的无争议事实和证据，可以不再举证、质证； （三）庭审可以直接围绕诉讼请求或者案件要素进行。

续表

审限	简易程序应当在立案之日起 3 个月内审结。审限届满后，当事人同意继续适用简易程序审理的，经院长批准可以延长，累计审限不得超过 6 个月。	人民法院适用简易程序审理的案件，应当在立案之日起三个月内审结。有特殊情况需要延长的，经本院院长批准，可以延长一个月。
四、普通程序		
审理组织	普通程序应当适用合议制	基层人民法院审理的事实不易查明，但法律适用明确的案件，可以由法官一人适用普通程序独任审理。
五、二审程序		
审理组织	二审应当由审判员组成合议庭审理	第二审人民法院审理上诉案件应当组成合议庭审理。但事实清楚、法律适用明确的下列案件，可以由法官一人独任审理：（一）第一审适用简易程序审理结案的；（二）不服民事裁定的。
六、关于电子送达		
适用对象	不能通过电子送达方式送达裁判文书。	经受送达人明确表示同意，人民法院可以电子送达判决书、裁定书、调解书等裁判文书。当事人提出需要纸质裁判文书的，人民法院应当提供。

注：以上规定作为试点规定，仅适用试点地区。题目未提及试点地区的，应当按照现行的《民事诉讼法》及相关司法解释规定作答。

背诵要点

为了提高诉讼效率，在试点地区尽量扩大小额诉讼程序、简易程序、独任制以及电子送达的适用范围。

1. 扩大小额诉讼程序适用范围，标的额不再限于该省上年度平均工资30%以下：试点地区标的额为 5 万以下的，法院依职权适用小额诉讼程序；标的额 5 万到 10 万的，当事人可以协议适用小额诉讼程序。

2. 扩大简易程序的适用范围：起诉时被告下落不明的案件需要公告送达，故不能适用简易程序，但试点地区需要公告送达的案件也可以适用简易程序。

3. 扩大独任制适用范围：

（1）普通程序应当适用合议制；试点地区普通程序可以独任制；

（2）二审应当适用合议制；试点地区二审可以独任制；

4. 扩大电子送达的适用范围：判决、裁定、调解书不能电子送达，但试点地区判决、裁定、调解书也能电子送达。

附　录 APPENDIX 关于婚姻关系若干知识点的总结

一、关于诉的分类

1. 原告起诉被告要求解除婚姻关系（离婚），为形成之诉（变更之诉）。
2. 原告起诉被告要求确认婚姻有效或者无效，为确认之诉。

考点延伸

如果原告起诉被告要求离婚，法院首先得确认婚姻关系有效，故在形成之诉或者给付之诉中有可能包含确认的内容，但只要原告提出了变更或者给付的请求，就一定是形成之诉或者给付之诉，而不再是确认之诉。因为确认之诉中只能有确认的请求，不能有给付或者变更的请求。

二、关于公开审理制度

离婚诉讼案件属于依申请不公开审理。

考点延伸

1. 法定不公开——国家秘密、个人隐私、法律规定的其他案件；
2. 经申请不公开——离婚诉讼、商业秘密。

不论是否公开审理，评议一律不公开；宣判一律公开进行。

三、关于管辖

1. 原告就被告：双方均离开住所超过1年，一方起诉离婚，由被告经常居住地法院管辖；没有经常居住地的，由原告起诉时被告居住地法院管辖。

2. 被告就原告：

（1）一方离开住所地1年，另一方起诉离婚，可以由原告住所地法院管辖。

（2）当然，离婚诉讼也好，确认婚姻关系效力也好，均属于身份关系的诉讼，故被告不在中国居住，被告下落不明或者宣告失踪的诉讼可以由原告住所地法院管辖。（“对不在中国领域内居住的人提起身份关系诉讼，对下落不明或者宣告失踪的人提起身份关系诉讼，可以由原告住所地法院管辖。”）

四、关于代理

一般案件有了代理人，本人可以不再出庭，但离婚案件有了代理人的，本人除不能正确表达意思外，仍应当出庭；确有特殊原因不能出庭的，必须向法庭提交书面意见。

五、关于证据与证明

在离婚诉讼中，有关婚姻关系是否存在、是否有效的事实，法院可以依职权调查收集证据，且不适用自认制度。

1. 自认的范围：对于涉及身份关系、国家利益、社会公共利益等应当由法院依职权调查的事实不适用自认制度。

注意：仅仅是有关身份关系的事实不适用自认制度，并非所有与身份有关的案件都不适用自认制度。

例：张三起诉李四离婚，李四承认存在婚姻关系，承认有出轨行为，承认儿子张小三是自己与前男友王某所生。以上事实能否适用自认？

分析：是否存在婚姻关系、儿子张小三是否是自己与王某所生这两个事实均属于与身份有关的事实，不能适用自认制度，但是是否出轨的事实则属于与身份无关的事实，可以适用自认制度。

故在有关身份关系的案件中，有些事实与身份有关，不适用自认制度，但有些事实与身份无关，可以适用自认制度。

2. 调查取证：对于有关身份关系的事实，法院可以依职权调查取证。故在离婚诉讼中，关于身份关系是否存在、是否有效的事实，法院可以依职权调查收集证据，且不适用自认制度。

考点延伸：法院可以依职权调查收集的证据

（1）涉及可能损害国家、社会公共利益的；

（2）涉及身份关系的；

（3）涉及公益诉讼的；

（4）当事人有恶意串通损害他人合法权益可能的；

（5）涉及依职权追加当事人、中止诉讼、终结诉讼、回避等程序性事项的。

法院依职权调查收集的证据无需质证，在庭审时出示，听取当事人意见，就调查收集情况作出说明即可。而依申请调查收集的证据则视为申请方当事人提供的证据进行正常质证。

六、关于送达

直接送达可以将文书交给受送达人或者与之同住的成年家属。

但离婚诉讼不能将文书交由在身份上既是与受送达人同住的成年家属，又是案件另外一方当事人的人签收。

七、关于调解

1. 离婚诉讼应当先行调解；但婚姻等身份关系确认案件以及其他依照案

件性质不能调解的案件不能调解。

故离婚诉讼本身可以调解，仅仅是其中涉及婚姻关系本身有效、无效等身份关系的确认内容不能调解。

2. 经调解达成调解协议的案件，法院应当制作调解书，但如下案件可以不制作调解书，由当事人、审判人员、书记员在调解协议上签字、盖章后生效：

（1）调解和好的离婚案件；

（2）调解维持收养关系的案件；

（3）能够即时履行的案件；

（4）其他当事人同意在调解协议上签字盖章生效的案件。

故调解和好的离婚案件可以不制作调解书，由当事人在调解协议上签字、盖章后生效。

3. 经调解达成调解协议或者当事人自行达成和解协议，请求法院据此制作判决书的，法院不予支持。但如下情形可以根据调解、和解协议制作判决书：

（1）无民事行为能力人的离婚案件，法定代理人与对方当事人达成和解、调解协议要求发给判决书的；

（2）涉外民事诉讼中，当事人达成和解、调解协议后要求法院据此制作判决书的，可以根据调解、和解协议内容制作判决书。

故无民事行为能力人的离婚案件，法定代理人与对方达成和解、调解协议的，可以申请据此制作判决书。

八、关于普通程序

1. 一事不再理制度

一个案件经过法院实体处理结案后，再次起诉的，法院不予受理，但：

（1）对于裁定不予受理、裁定驳回起诉、撤诉以及按撤诉处理的案件，当事人再次起诉符合条件的，法院应当受理；

（2）追索赡养费、扶养费、抚育费案件，裁判生效后，因新情况、新理由，当事人再次起诉要求增加、减少费用的，法院作为新案件受理；

（3）判决不准离婚、调解和好的离婚案件，判决、调解维持收养关系的案件，6 个月内没有新情况、新理由，原告再次起诉的，法院不予受理；

（4）撤诉或者按撤诉处理的离婚案件，6 个月内没有新情况、新理由，原告再次起诉的，法院不予受理。

故判决不准离婚、调解和好的离婚案件，撤诉或按撤诉处理的离婚案件（即离婚没离成的），原告在 6 个月内没有新情况、新理由再次起诉的，法院不予受理。即：

①原告在 6 个月后可以再次起诉；

②原告 6 个月内有新情况、新理由可以再次起诉；

③被告可以随时起诉。

2. 缺席判决

一般而言，原告是无民事行为能力人的，其法定代理人不到庭，案件按撤诉处理；被告是无民事行为能力人的，其法定代理人不到庭，案件缺席判决。

但无民事行为能力人的离婚案件，法定代理人（无论是原告还是被告的法定代理人）不到庭的，法院均应当在查清事实的基础上作出判决，即缺席判决。

3. 诉讼障碍

一般的民事案件，诉讼中一方当事人死亡的，应当诉讼中止，等待继承人表明是否继续诉讼。

但离婚诉讼，其诉讼标的是婚姻关系，当事人死亡诉讼标的即告消灭，且不能继承，故应直接裁定诉讼终结。

考点延伸：诉讼终结的情形

（1）原告死亡，没有继承人，或者继承人放弃诉讼权利的；

（2）被告死亡，没有遗产，也没有义务承担人的；

（3）离婚案件一方当事人死亡的；

（4）追索赡养费、扶养费、抚育费以及解除收养关系案件的一方当事人死亡的。

4. 判决的宣告

离婚诉讼宣告一审判决时，应当告知当事人在判决生效前不得另行结婚。

九、关于小额诉讼程序

下列案件，不适用小额诉讼程序审理：

1. 人身关系、财产确权纠纷；
2. 涉外民事纠纷；
3. 知识产权纠纷；
4. 需要评估、鉴定或者对诉前评估、鉴定结果有异议的纠纷；
5. 其他不宜适用一审终审的纠纷。

故离婚诉讼属于人身关系案件，不得适用小额诉讼程序审理。

十、关于第三人撤销之诉

对下列情形提起第三人撤销之诉的，法院不予受理：

1. 适用特别程序、督促程序、公示催告程序、破产程序等非讼程序处理的案件；

2. 婚姻无效、撤销或者解除婚姻关系等判决、裁定、调解书中涉及身份关系的内容；

3. 《民事诉讼法》第 54 条规定的未参加登记的权利人对代表人诉讼案件

的生效裁判；

4.《民事诉讼法》第55条规定的损害社会公共利益行为的受害人对公益诉讼案件的生效裁判。

故离婚诉讼判决生效后，对其中涉及婚姻关系的内容不允许提出第三人撤销之诉。

注意：并非对离婚诉讼的生效判决不允许提出第三人撤销之诉。

因为离婚诉讼的判决中涉及解除婚姻关系的内容，也涉及财产分割的内容。对于其中解除婚姻关系的部分，涉及当事人再婚的权利，不能提出第三人撤销之诉；但其中的财产分割问题与再婚无关，可以对此提出第三人撤销之诉。

十一、关于第二审程序

1. 上诉的对象

以下情形一审终审，不得上诉：

（1）最高法院的一审判决、裁定；

（2）调解书一审终审，不能上诉；

（3）一般的裁定书（除不予受理、驳回起诉、驳回管辖权异议外）一审终审，不得上诉；

（4）特别程序、督促程序、公示催告程序一审终审，且不得申请再审；

（5）小额诉讼程序所作的判决、裁定一审终审；

（6）另外，根据《婚姻法解释（一）》的规定，有关婚姻效力的判决，一经作出，即发生法律效力，即不得上诉，一审终审。

注意：仅仅是有关婚姻效力的判决（如判决确认婚姻有效、无效）一审终审，不能上诉；但离婚诉讼不属于有关婚姻效力的判决，可以上诉。

2. 二审的发回重审问题

一审判决不准离婚，二审认为应当判决离婚的，可以根据当事人自愿原则，就子女抚养、财产分割问题进行调解，调解不成的，撤销原判，发回重审。

双方当事人同意由二审法院一并审理并作出判决的，二审法院可以一并裁判。

考点延伸

<table>
<tr><td>当事人在一审中已提出的诉讼请求，原审法院未作审理、判决</td><td colspan="2">调解不成，发回重审</td></tr>
<tr><td>必须参加诉讼的当事人或者有独三在一审中没有参加诉讼</td><td colspan="2">调解不成，发回重审</td></tr>
<tr><td>一审判决不准离婚，二审法院认为应当判决离婚的，对财产分割和子女抚养问题</td><td>调解不成，发回重审</td><td rowspan="2">此两种情形中，如果当事人同意由二审法院一并审理的，可以由二审法院一并审理</td></tr>
<tr><td>原告新增独立的诉讼请求或者被告提出反诉的</td><td>调解不成，告知另诉</td></tr>
</table>

十二、关于再审

判决解除婚姻关系的案件，不能申请再审。

注意：不能表述为“离婚诉讼的生效判决不能申请再审”。因为离婚诉讼的判决包括解除婚姻关系以及财产分割等问题。其中解除婚姻关系涉及当事人再婚的权利，不能再审；而其中的财产分割问题与再婚无关，可以申请再审。

十三、关于特别程序——确认调解协议效力

当事人申请法院司法确认的调解协议内容涉及婚姻等身份关系有效、无效或者解除的，法院不予受理；受理后发现的，应当裁定驳回申请。

考点延伸：当事人申请司法确认调解协议，法院不予受理的情形

(1) 不属于法院受理范围的；

(2) 不属于收到申请的法院管辖的；

(3) 申请确认婚姻关系、亲子关系、收养关系等身份关系无效、有效或者解除的；

(4) 涉及适用其他特别程序、公示催告程序、破产程序审理的；

(5) 调解协议内容涉及物权、知识产权确权的。

法院受理申请后，发现有上述不予受理情形的，应当裁定驳回当事人的申请。

众合教育技术流名师作者团队

孟献贵	中国政法大学民商法博士，众合教育独家签约老师，有多年法考培训和辅导经验，对于民法学的教学与辅导具有自己独到的见解，体系化、图示化的授课方式深受广大学员欢迎。
徐光华	江西财经大学法学院教授、博士生导师，法学博士、博士后。兼任国际刑法学会中国分会理事、江西省犯罪学研究会理事、江西省经济犯罪研究中心理事、南昌市仲裁委员会仲裁员、北京中银（南昌）律师事务所律师。
李　佳	中国政法大学行政法学博士，山东大学博士后。独创法考“行政法逆向解题思维”，将复杂而抽象的行政法理论具体化、形象化、生活化，让学生轻松快乐地攻克行政法难关。
戴　鹏	毕业于清华大学法学院。授课思路清晰，善于归纳总结，将枯燥的条文转化成富有逻辑和生动的故事。授课严谨认真，深受考生欢迎，被考生誉为法考路上的“良师益友”。
左　宁	中国政法大学博士，中国人民大学博士后。高校教师，兼职律师，教学经验丰富。讲课注重实效，善于总结法条规律与口诀，提点解题思路，让考生听完会用，做题能对。
郄鹏恩	商经知授课名师。具有多年的授课经验，讲课及讲义条理清晰，重点突出，声音豁亮、感染力强。希希老师构建商经知体系堪称完美，知识表达清晰精准，深受考生欢迎。
马　峰	中国政法大学法学博士。深谙法考命题规律，注重帮助学员全面构建理论法学的知识体系，让学员在授课后能够有效的应对考查要求，授课生动形象，深入浅出，通俗易懂。
李曰龙	中国人民大学国际法学博士，专注于法律职业资格考试辅导，众合教育独家授课教师。理论功底深厚，实践经验丰富，能够准确把握命题规律，使广大学员爱上三国法，三国法得高分，其授课疏密有致，深入浅出，精巧雄浑，深受广大学员喜爱。

民　法学科组☞ 李建伟、孟献贵、李帅、李军、戴寰宇

刑　法学科组☞ 徐光华、孙自立、车润海、张宇琛、于越、邹帆

行政法学科组☞ 李佳、李年清、白亚静、黄韦博、吴鹏

民诉法学科组☞ 戴鹏、杨洋、邱振启、郭翔、包冰锋、谭一

刑诉法学科组☞ 左宁、肖沛权、温云云、董扬

商经法学科组☞ 郄鹏恩、曹新川、方涛、刘佳、汪华亮、李文涛

理论法学科组☞ 马峰、陈璐琼、郭晓飞

三国法学科组☞ 李曰龙、杨万里、李真、庚欣

众合教育2020重点班次推荐

⊙［精品突破班］

时间：7月7日–8月28日（详情以当地分校公布为准）

⊙［包含阶段］

1. 超级强化精讲　强化精讲知识、同步试题讲解、同步案例训练、全真模考。

2. 考前突破班　讲重点难点，缩备考范围，进行题目详细讲评，实现考前的最后一次减负。

⊙［客观题密卷班］

时间：8月29日–8月30日（详情以当地分校公布为准）

包含内容：1∶1还原客观题试卷模型，剖析客观题难点、必考点，名师精讲考前预测试题，考前冲刺，精准提分。

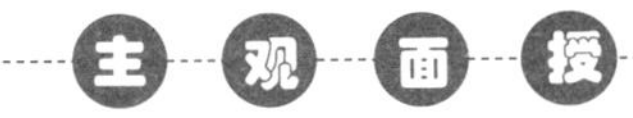

⊙［主观题旗舰集训班］

时间：9月15日–10月7日（详情以当地分校公布为准）

⊙［包含阶段］

1. 主观题考点强化阶段　注重主观题考查内容的体系化、系统化、重点难点突出，具有主观题考试的针对性、应试性。

2. 主观题案例点睛阶段　梳理法律职业资格考试的必考点，实现重点、难点突破，做到深入浅出，化繁为简，为通关蓄能。

⊙［主观题点睛班］

时间：10月1日–10月7日（详情以当地分校公布为准）

包含内容：针对考点进行案例题目训练分析讲解，为考生主观题考试储备知识，提高主观题应试思维能力。

图书用书分校咨询电话

Library Books Branch School Consultation Telephone

分校名称	咨询电话
北京众合	15511383383
上海众合	13661802541
广州众合	15992401274
天津众合	13752327078
济南众合	18663708655
保定众合	15127489315
唐山众合	18630507911
石家庄众合	0311-8926 5308
青岛众合	18669705081
太原众合	18835102114
沈阳众合	024-3151 6012
哈尔滨众合	17611039099
大连众合	15842658825
长春众合	18604303152
杭州众合	0571-8826 7517
南京众合	025-8479 8105
福州众合	18905011890
合肥众合	0551-6261 7728
徐州众合	18626007405
深圳众合	13632829204
南宁众合	13377183019
海口众合	15289808392
武汉众合	027-8769 0826
郑州众合	15670623227
长沙众合	13677369057
南昌众合	15079114587
西安众合	18691896468
兰州众合	18691819574
呼和浩特众合	15124769050
成都众合	18140040040
重庆众合	023-6532 7907
贵阳众合	0851-8582 0974
昆明众合	15887145103
华东市场拓展部	13851436246
加盟事业部	13701200741